PARAMAHANSA YOGANANDA
(1893 – 1952)

USKONNON
tiede

Paramahansa Yogananda

Esipuheen kirjoittanut
Douglas Ainslie, BA, M.R.A.S.

Self-Realization Fellowship
FOUNDED 1920
Paramahansa Yogananda

TIETOA KIRJASTA: *Uskonnon tiede* on ensimmäinen Paramahansa Yoganandan julkaistuista teoksista, ja sillä on erityisasema Self-Realization Fellowshipin julkaisemien Sri Yoganandan kirjojen ja äänitteiden joukossa. Se on laajennettu versio hänen ensimmäisestä puheestaan Yhdysvalloissa, siitä historiallisesta esitelmästä, jossa hän ensimmäisen kerran esitteli opetuksensa läntiselle maailmalle. Hän piti tuon puheen vuonna 1920 kansainvälisessä uskonnollisten johtajien konferenssissa Bostonissa, jossa osallistujat ottivat sen innostuneesti vastaan. Samoin teki suuri yleisö, jonka ulottuville puhe tuli painettuna kirjasena. Vuonna 1924 Sri Yogananda julkaisi perustamansa järjestön kautta korjatun ja laajennetun painoksen, ja kirjasta on siitä saakka otettu jatkuvasti uusia painoksia. Kuuluisan brittiläisen valtiomiehen ja filosofin Douglas Grant Duff Ainslien esipuhe lisättiin vuonna 1928, ja se on kuulunut kaikkiin myöhempiin painoksiin.

Englanninkielinen alkuteos: *The Science of Religion*,
julkaissut Self-Realization Fellowship, Los Angeles, Kalifornia

ISBN-13: 978-0-87612-005-7
ISBN-10: 0-87612-005-2

Suomenkielinen käännös: Self-Realization Fellowship
Copyright © 2016 Self-Realization Fellowship

Self-Realization Fellowship -järjestön kansainvälisen julkaisuneuvoston hyväksymä

Self-Realization Fellowship -nimi ja yllä nähtävä tunnus esiintyvät kaikissa SRF:n kirjoissa, äänitteissä ja muissa julkaisuissa varmistamassa, että ne ovat Paramahansa Yoganandan perustaman järjestön tuottamia ja seuraavat uskollisesti hänen opetuksiaan.

Ensimmäinen suomenkielinen Self-Realization Fellowshipin tuottama painos, 2016
First edition in Finnish from Self-Realization Fellowship, 2016

Tämä painatus: 2016
This printing: 2016

ISBN-13: 978-0-87612-595-3
ISBN-10: 0-87612- 595-X

1166-J3345

PARAMAHANSA YOGANANDAN HENGELLINEN PERINTÖ

Hänen kootut kirjoituksensa,
luentonsa ja vapaamuotoiset puheensa

Paramahansa Yogananda perusti Self-Realization Fellowshipin[1] vuonna 1920 levittämään opetuksiaan maailmanlaajuisesti ja säilyttämään niiden puhtauden ja alkuperäisen sisällön tuleville sukupolville. Yhdysvaltoihin saavuttuaan hän kirjoitti ja esitelmöi ahkerasti luoden laajan ja arvostetun tuotannon, joka käsittelee tieteellistä joogameditaatiota, tasapainoisen elämän taitoa ja kaikkien suurten uskontojen perimmäistä ykseyttä. Tuo ainutlaatuinen ja kauaskantoinen hengellinen perintö elää yhä inspiroiden miljoonia totuudenetsijöitä ympäri maailmaa.

Suuren mestarin nimenomaisen toiveen mukaisesti Self-Realization Fellowship on jatkanut *Paramahansa Yoganandan koottujen teosten* julkaisemista ja pitänyt niitä jatkuvasti saatavilla. Koottuihin teoksiin sisältyvät kirjat, jotka hän julkaisi ja jotka saivat lopullisen muotonsa hänen elämänsä aikana, mutta niihin kuuluu myös monia uusia nimikkeitä. Näitä ovat teokset, jotka olivat jääneet julkaisematta hänen siirtyessään pois tästä maailmasta vuonna

---

[1] Kirjaimellisesti "Itse-oivalluksen yhteisö". Paramahansa Yogananda on selittänyt, että Self-Realization Fellowship -nimi merkitsee yhteyttä Jumalan kanssa Itse-oivalluksen avulla ja ystävyyttä kaikkien totuutta etsivien sielujen kanssa. Ks. myös "Self Realization Fellowshipin päämäärät ja ihanteet".

1952 tai jotka ilmestyivät vuosien saatossa epätäydellisessä muodossa jatko-osina Self-Realization Fellowshipin lehdessä, sekä sadat Paramahansa Yoganandan syvästi innoittavat esitelmät ja vapaamuotoiset puheet, jotka tallennettiin mutta joita ei painettu ennen hänen poismenoaan.

Paramahansa Yogananda valitsi ja koulutti henkilökohtaisesti ne läheiset oppilaansa, jotka johtavat Self-Realization Fellowshipin julkaisuneuvostoa, ja antoi heille tarkat ohjeet koskien puheidensa ja kirjoitustensa julkaisemista. Julkaisuneuvoston jäsenet (elinikäiseen luostarielämään ja epäitsekkääseen palveluun vihkiytyneet munkit ja nunnat) vaalivat näitä ohjeita pyhänä luottamustehtävänään, jotta tämän rakastetun maailmanopettajan universaali viesti voi elää alkuperäisessä voimassaan ja autenttisuudessaan.

Sri Yogananda määräsi (tämän luvun yllä nähtävän) Self-Realization Fellowshipin symbolin sen voittoa tavoittelemattoman organisaation tunnukseksi, jonka hän perusti ja valtuutti levittämään opetuksiaan. SRF:n nimi ja symboli esiintyvät kaikissa Self-Realization Fellowshipin julkaisuissa ja äänitteissä varmistamassa, että ne ovat Paramahansa Yoganandan perustaman järjestön tuottamia ja välittävät hänen opetuksiaan siten kuin hän tahtoi.

—*Self-Realization Fellowship*

Tämä kirja on rakkaudella omistettu edesmenneelle kunnianarvoisalle Kasimbazarin (Bengal) hurskaalle maharadžalle, Sri Manindra Chandra Nundylle, monen yleishyödyllisen liikkeen avokätiselle rahoittajalle ja Ranchissa (Bihar) sijaitsevan Yogoda Satsangan poikakoulun ensimmäiselle tukijalle.

SISÄLLYS

ESIPUHE

Douglas Grant Duff Ainslie
(1865 – 1952)

(Brittiläinen valtiomies, runoilija ja filosofi; International Congress of Philosophyn jäsen, Harvardin yliopisto)

Tämä pieni kirja tarjoaa avaimen maailmankaikkeuteen. Sen arvo on sanoinkuvaamaton, sillä näiltä muutamilta sivuilta löytyvät *vedojen* ja *upanishadien* hienoimmat ajatukset, joogafilosofian ja -menetelmien huomattavimman edustajan Patañjalin tärkeimmät opetukset sekä suurimman koskaan fyysisessä kehossa eläneen mielen, Shankaran, ajattelu – kaikki tämä ensi kertaa suuren yleisön ulottuville saatettuna.

Tämä on harkittu lausunto, ja sen antaa henkilö, joka on lopulta, pitkän vaelluksen päätteeksi, löytänyt idästä ratkaisun maailman arvoituksiin. Hindut ovat paljastaneet Totuuden koko maailmalle. Ja on vain luonnollista, että niin on, kun ajattelemme, että yli viisi tuhatta vuotta sitten, kun brittien, gallialaisten, kreikkalaisten ja roomalaisten esi-isät, todelliset barbaarit, samosivat Euroopan valtavia metsiä ruoan haussa, hindut pohtivat jo elämän ja kuoleman mysteeriä, noiden kahden ilmiön, joiden nyt tiedämme olevan yksi ja sama.

Keskeisintä Paramahansa Yoganandan opetuksissa on, että toisin kuin eurooppalaisten ajattelijoiden kuten Bergsonin, Hegelin ym. filosofia, ne eivät ole teoreettisia vaan käytännöllisiä – jopa silloin, kun ne käsittelevät kaikkein syvällisintä metafysiikkaa. Selitys on, että ainoina ihmiskunnassa hindut ovat tunkeutuneet verhon taakse ja omaavat tiedon, joka ei oikeastaan ole filosofista, siis viisautta rakastavaa, vaan viisautta itseään. Kun tieto ilmaistaan sanallisen kielen avulla, se on väistämättä altis filosofien kritiikille, onhan heidän elämänsä, kuten Platon sanoi, omistettu keskustelemiselle. Totuutta ei voida ilmaista sanoin, ja milloin sanoja käytetään – oli käyttäjä sitten vaikka joku Shankaran veroinen – pikkutarkka ihmismieli löytää kyllä aina jonkin heikon kohdan, jonka kimppuun hyökätä. Äärellinen ei itse asiassa voi sisältää ääretöntä. Totuus ei ole mikään ikuinen keskustelu; se on Totuus. Tästä seuraa, että Totuuden varma tunteminen on mahdollinen vain todellisen henkilökohtaisen oivalluksen kautta, harjoittamalla jotain sen kaltaista menetelmää kuin se, jota Paramahansa Yogananda tarjoaa.

Paramahansa Yogananda sanoo ja osoittaa, että koko maailma haluaa Autuutta, mutta halu kokea mielihyvää johtaa useimmat harhaan. Buddhakin lausui mitä selvimmin, että juuri halun seuraaminen tietämättömyyden vallassa johtaa siihen kurjuuden suohon, jossa ihmiskunnan valtaenemmistö avuttomana rämpii.

Mutta Buddha ei selittänyt yhtä kirkkaasti kuin Yogananda neljättä tämän esittelemistä neljästä menetelmästä meidän kaikkien tavoittelemamme autuuden saavuttamiseksi. Tämä neljäs menetelmä on ylivoimaisesti helpoin, mutta sen menestyksellinen harjoittaminen edellyttää, että saamme asiantuntijan ohjausta. Tuo asiantuntija on nyt keskuudessamme antaakseen läntiselle maailmalle oikean tekniikan, joukon yksinkertaisia sääntöjä, jotka ovat kulkeneet Intian filosofian vuosisataisena perimätietona ja jotka johtavat pysyvän autuuden tilan saavuttamiseen.

Hindujen ajattelussa ja käytännössä on aina korostettu

tuota suuriarvoista henkilökohtaista ohjaussuhdetta. Meidän päiviimme saakka se on ollut kaikkien muiden ulottumattomissa paitsi niiden, joilla on ollut onni asua Intiassa. Nyt kun meillä on sama mahdollisuus täällä lännessä, kotiovellamme suorastaan, olisi sangen epäviisasta jättää kokeilematta tuota menetelmää, jonka harjoittaminen itsessään on hyvin autuaallista – "vielä paljon autuaallisempaa kuin suurinkaan viiden aistimme taikka mielemme tarjoama nautinto voi koskaan olla", kuten Paramahansa Yogananda totuudellisesti julistaa. Hän lisää: "En tahdo tarjota kenellekään menetelmän pätevyydestä mitään muuta todistetta kuin minkä hänen oma kokemuksensa antaa."

Tämän kirjasen lukeminen on ensimmäinen askel; täyden autuuden tilan saavuttamiseen tarvittavat muut askeleet seuraavat luontevasti.

Lopuksi lainaan muutaman rivin runostani "Johannes Damaskolainen", jossa olen yrittänyt kuvata sitä mihin tämä kirja yltää. Sanat ovat Buddhan – meille Paramahansa Yoganandan, sillä "Buddha" tarkoittaa yksinkertaisesti "hän joka tietää".

Pitkään olen vaeltanut kahleissa, niin pitkään,
hän lauloi, elämästä ja tuskasta toiseen,
loputtomiin, ja tuntenut minän polttavan tulen
ja villin halun kynnet.

Nyt on löytynyt Syy, hän lauloi,
minän polttavan tulen, villin halun.
Oi Arkkitehti! Et enää majaa
minulle saa koskaan rakentaa.

Murskana ovat katon selkäpuut,
kauas hajalleen viskelty ruoteesi:
Et minulle enää majaa rakenna.

Osani on Nirvana, omani se on,
ulottuvillani, silmieni alla.
Nyt, jos tahdon, nyt viimein voin
mennä pois, ikiajoiksi,
autuuteen ikuiseen, jättämättä jälkeä
itsestäni tänne taikka tuonne.

Rakastan kuitenkin sinua, rakastan;
ja vain vuoksesi jään, ihmiskunta.
Omin käsin sillan rakennan
sinun ylittää, niin jätät sinäkin
syntymän, kuoleman, tuskan taa,
kun iki-autuuteen astut.

Meillä on sillanrakentaja keskuudessamme. Hän rakentaa meille sillan omin käsin, jos vain todella haluamme hänen tekevän sen.

Lontoo, helmikuu 1927.

ALKUSANAT

Paramahansa Yogananda (1893–1952) aloitti elämäntyönsä, Intian ikiaikaisen hengellisen tieteen tuomisen läntiseen maailmaan, vuosikymmeniä ennen nykyistä kiinnostusta idän psykologiaan ja uskontoon. Hänet kutsuttiin vuonna 1920 Yhdysvaltoihin, Intian edustajaksi kansainväliseen uskonnollisten johtajien konferenssiin Bostoniin. Hänen tässä tilaisuudessa pitämänsä puhe, joka oli hänen ensimmäinen puheensa Yhdysvalloissa, julkaistiin nimellä *Science of Religion (Uskonnon tiede)*. Sittemmin kirjanen on julkaistu kymmenellä muulla kielellä, ja sitä käytetään oppimateriaalina korkeakouluissa ja yliopistoissa.

Uskonnon tiede on syvällisen yksinkertainen ja tiivis kuvaus kaikkien tosi uskontojen yhteisestä päämäärästä sekä neljästä siihen johtavasta tiestä. Sen viesti on universaali; se ei perustu dogmeihin vaan ikivanhojen tieteellisten meditaatiotekniikoiden avulla saavutettuun Todellisuuden suoraan kokemiseen.

—*Self-Realization Fellowship*

USKONNON TIEDE

JOHDANTO

Tämän kirjan tarkoituksena on esittää pääpiirteittäin, miten uskonto tulisi ymmärtää voidaksemme tuntea uskonnon universaalin ja käytännöllisen välttämättömyyden. Kirja pyrkii myös kuvaamaan sitä Jumaluuden puolta, jolla on välitön vaikutus motiiveihimme ja tekoihimme elämämme jokaisena hetkenä.

On totta, että Jumala on luonnoltaan ja kaikilta aspekteiltaan ääretön; samoin on totta, että jonkinlaisen listan laatiminen Jumalan ominaisuuksista järkemme sallimissa puitteissa osoittaisi vain Jumalan ymmärtämisen olevan ihmismielen ulottumattomissa. On kuitenkin varmaa, että vajavaisuudestaan huolimatta ihmismieli ei koskaan voi lopullisesti tyytyä siihen, mikä on äärellistä. Sillä on luontainen tarve tulkita kaikki äärellinen ja inhimillinen sen valossa, mikä on ääretöntä ja inhimillisen ylittävää – sen valossa, mitä se tuntee muttei osaa ilmaista ja joka on sen sisimmässä piilevänä löytämättä avointa ilmaisua.

Tavallisesti ymmärrämme Jumalan ylittävän kaiken inhimillisen ja olevan ääretön, kaikkiallinen, kaikkitietävä ja niin edelleen. Tämä yleinen käsitys esiintyy monina muunnoksina. Jotkut kutsuvat Jumalaa persoonalliseksi, toiset näkevät Hänet ei-persoonallisena. Tässä kirjassa korostetaan, että jos käsityksemme Jumalasta ei vaikuta jokapäiväiseen toimintaamme, jos emme saa siitä voimaa arjessamme ja jos tuon käsityksen mukainen Jumala ei ole universaalisti välttämätön, silloin tuo käsitys on hyödytön, olipa se millainen hyvänsä.

Jos käsityksemme Jumalasta on sellainen, että tulemme hyvin toimeen ilman Häntä tyydyttäessämme jonkin tarpeen, ollessamme tekemisissä ihmisten kanssa, ansaitessamme rahaa, lukiessamme kirjaa, suorittaessamme tenttiä – eli olipa tekemisemme miten tyhjänpäiväistä tai ylevää tahansa – silloin on selvää, ettemme ole kokeneet mitään kytköstä Jumalan ja elämän välillä.

Jumala voi olla ääretön, kaikkiallinen, kaikkitietävä, persoonallinen ja armollinen, mutta nämä ominaisuudet eivät kannusta meitä niin paljon, että pyrkisimme tuntemaan Hänet. Tulemme toimeen ilmankin. Hän voi olla ääretön, kaikkiallinen ja niin edelleen, mutta meillä ei ole mitään välitöntä käyttöä käsityksellemme Hänestä juostessamme oravanpyörässämme.

Turvaudumme tähän käsitykseemme vain, kun haluamme selittää filosofiassa, runoudessa, taiteessa tai idealistisissa puheissa, miksi äärellinen kaipaa ääretöntä, tai kun olemme kykenemättömiä selittämään maailmankaikkeuden tavanomaisimpia ilmiöitä – kaikesta tiedostamme huolimatta, jolla niin mielellämme kerskumme – tai kun elämä heittää meidät umpikujaan. "Rukoilemme Ikiarmollista joutuessamme pulaan", kuten itämainen sananlasku asian ilmaisee. Muutoin näytämme pärjäävän oikein hyvin ilman Häntä jokapäiväisessä elämässämme.

Tuollaiset kaavamaiset käsitykset vaikuttavat patoutuneen inhimillisen ajattelumme varaventtiileiltä. Ne selittävät Häntä saamatta meitä etsimään Häntä. Niistä puuttuu liikkeellepaneva voima. Emmehän me välttämättä *etsi* Jumalaa kutsuessamme Häntä äärettömäksi, kaikkialliseksi, armahtavaiseksi ja kaikkitietäväksi. Nämä käsitykset tyydyttävät älyä, mutta eivät ravitse sielua. Jos vaalimme niitä sydämessämme, ne saattavat avartaa meitä jossain määrin

– tehdä meidät moraalisiksi ja alamaisiksi Häntä kohtaan. Mutta ne eivät tee Jumalaa meidän omaksemme; ne eivät ole siihen riittävän läheisiä. Ne asettavat Hänet erilleen jokapäiväisestä elämänmenostamme. Nuo käsitykset tuntuvat hyvin kaukaisilta kadulla, tehtaassa, tiskin takana ja toimistossa. Ei siksi, että olisimme todellisuudessa kuolleita Jumalalle ja uskonnolle, vaan koska miellämme ne väärin, kutomatta niitä osaksi arkeamme. Käsityksemme Jumalasta tulisi ohjata meitä joka päivä – ei, vaan joka hetki. Jo pelkän Jumalan käsitteen tulisi saada meidät etsimään Häntä jokapäiväisen elämämme keskellä. Tätä on käytännöllinen, meidät toimimaan pakottava Jumala-käsitys. Meidän tulisi siirtää uskonto ja Jumala pois uskomisen alueelta omaan arkeemme.

Jos emme tähdennä Jumalan välttämättömyyttä kaikilla elämämme alueilla ja uskonnon tarpeellisuutta olemassaolomme jokaisena hetkenä, emme ole päivittäisessä, läheisessä suhteessa Jumalaan ja uskontoon, vaan niistä tulee vain "päivä viikossa" -asia. Tämän kirjasen ensimmäisessä osassa pyritään osoittamaan, että voidaksemme ymmärtää Jumalan ja uskonnon todellisen tarpeellisuuden, meidän on painotettava kummankin osalta sitä puolta, joka on tärkein päivittäisten ja jokahetkisten toimiemme kannalta.

Tämä kirja tähtää myös uskonnon universaalisuuden ja ykseyden osoittamiseen. Eri aikoina on ollut erilaisia uskontoja. Niiden kannattajien välillä on ollut ankaria kiistoja, pitkiä sotia ja paljon verenvuodatusta. Yksi uskonto on ollut toista vastaan, yksi lahko toisen kimpussa. Uskontoja on lukuisia ja niiden sisälläkin esiintyy vielä monia lahkoja ja erilaisia näkemyksiä. Herää kysymys: kun kerran on vain yksi Jumala, miksi uskontoja on niin monta?

Voidaan väittää, että erilaisten uskontojen syntymiseen

johtavat älyllisen kehityksen eri vaiheet ja eri kansallisuuksille ominaiset mielenlaadut, joiden taustalta löytyy maantieteellisiä ja muita ulkoisia tekijöitä: hindulaisuus, islam ja buddhalaisuus sopivat aasialaisille, kristinusko länsimaalaisille ja niin edelleen. Jos uskonnolla ymmärretään vain rituaaleja, yksittäisiä oppeja, dogmeja, tapoja ja käytäntöjä, useiden uskontojen olemassaololle saattaa olla perusteita. Mutta jos uskonto tarkoittaa *ensisijaisesti* Jumala-tietoisuutta, Jumalan oivaltamista sekä omassa sisimmässä että ulkomaailmassa, ja *toissijaisesti* uskomuksia, oppeja ja dogmeja, ei maailmassa ole kuin yksi uskonto, sillä on vain yksi Jumala.

Toisistaan poikkeavien tapojen, palvontamenojen, oppien ja käytäntöjen voidaan katsoa olevan syy siihen, että yhden ainoan uskonnon sisälle on syntynyt eri lahkoja ja kirkkokuntia. Jos uskonto ymmärretään näin, silloin – ja vain silloin – sitä on mahdollista pitää universaalina, sillä erilaisia uskonnollisia tapoja ja käytäntöjä ei mitenkään pystytä tekemään kaikille samoiksi. Vain kaikille uskonnoille yhteinen aines on universaali, ja sitä voimme kehottaa kaikkia seuraamaan ja noudattamaan. Silloin uskontoa voidaan todella sanoa ei vain tarpeelliseksi vaan myös universaaliksi. Kaikki saattavat olla saman uskonnon kannattajia – uskontoja on vain yksi, sillä kaikkien uskontojen universaali elementti on yksi ja sama.

Olen yrittänyt osoittaa tässä kirjassa, että *aivan kuten Jumala on yksi ja meille kaikille välttämätön, niin myös uskonto on yksi, välttämätön ja universaali.* Ainoastaan siihen johtavat tiet voivat poiketa toisistaan jossain määrin alkumatkasta. On itse asiassa epäloogista edes sanoa, että on olemassa kaksi uskontoa, kun on vain yksi Jumala. Lahkoja tai kirkkokuntia voi olla kaksi, mutta on vain yksi uskonto.

Niitä mitä me nyt kutsumme eri uskonnoiksi, pitäisi nimittää ainoan uskonnon sisäisiksi lahkoiksi tai kirkkokunniksi, ja ne, mitkä nyt tunnemme lahkojen tai kirkkokuntien nimellä, ovat todellisuudessa sellaisten alaryhmiä. Kun opimme, mitä sana "uskonto" tarkoittaa – ja tähän palataan pian – tulemme luonnollisesti hyvin varovaisiksi tuon sanan käytössä. Ihmisen rajallinen näkökyky ei huomaa niin sanottujen eri uskontojen yhteistä ainesta, ja siitä on aiheutunut paljon pahaa maailmassa.

Tässä kirjassa käytetään uskonnosta psykologista määritelmää, ei objektiivista ja dogmeihin tai oppeihin perustuvaa. Toisin sanoen tavoitteena on nähdä uskonto koko sisäistä olemistamme koskettavana kysymyksenä, ei pelkkänä sääntöjen ja käskyjen noudattamisena.

OSA 1

USKONNON UNIVERSAALISUUS, VÄLTTÄMÄTTÖMYYS JA YKSEYS

Kaikille yhteinen päämäärä

Onko kaikkien ihmisten oltava uskonnollisia? Voimme vastata tähän kysymykseen ainoastaan, jos tiedämme, mitä uskonto on. Kaikki toiminta vastaa johonkin tarpeeseen. Jokaisella teollamme on oma tavoitteensa, jonka vuoksi teemme sen. Ihmiset toimivat monin eri tavoin saavuttaakseen monia eri tavoitteita; lukemattomat tavoitteet vaikuttavat ihmisten toimintaan. Mutta onko kaikkien maailman ihmisten kaikella toiminnalla mitään yhteistä ja universaalia tavoitetta? Onko meillä mitään yhteistä, korkeinta tarvetta, joka saa meidät tekemään sen mitä teemme? Jos erittelemme hieman ihmisten toiminnan motiiveja ja tavoitteita, huomaamme, että vaikka meillä on lukemattomia välillisiä ja välittömiä päämääriä kulloisellekin toiminnallemme, on olemassa yksi perimmäinen päämäärä, jota kaikki muut tavoitteet palvelevat: tuskan ja puutteen välttäminen ja pysyvän Autuuden saavuttaminen. Kykenemmekö pysyvästi välttämään kärsimyksen ja puutteen ja saavuttamaan Autuuden on eri asia, mutta ilmeinen tosiasia on, että pyrimme kaikessa toiminnassamme välttämään kärsimystä ja kokemaan mielihyvää.

Miksi joku haluaa harjoittelijaksi tietylle alalle? Koska hän haluaa oppia ammatin. Miksi hän haluaa sitä? Koska voi ansaita siten rahaa. Miksi hänen pitäisi ansaita rahaa? Koska sen avulla hän voi tyydyttää omia ja perheensä tarpeita. Miksi tarpeita pitäisi tyydyttää? Koska siten vähennetään tuskaa ja lisätään onnellisuutta. Onnellisuus ja Autuus ovat itse asiassa eri asioita. Me kaikki haluamme Autuutta, mutta kuvittelemme suuresti erehtyen mielihyvän ja onnellisuuden olevan Autuutta. Se miten tähän on tultu, osoitetaan pian. Perimmäinen motiivimme on sisäisen Autuuden tavoittelu; ymmärtämättömyyttämme olemme kuitenkin asettaneet onnellisuuden – mielihyvän – sen tilalle, ja niin mielihyvän hakemisesta on tullut perimmäinen motiivimme.

Näin ollen ymmärrämme, että perimmäisen päämäärämme muodostavat tarpeiden tyydyttäminen – kuten fyysisen tai psyykkisen kärsimyksen, suuren tai vähäisen, poistaminen – sekä Autuuden saavuttaminen. Miksi Autuus tulisi saavuttaa? Tätä ei voida kysyä, koska mitään vastausta ei voida antaa. Se on perimmäinen tavoitteemme, mitä sitten teemmekin, hakeudummepa johonkin ammattiin, ansaitsemme rahaa, etsimme ystäviä, kirjoitamme kirjoja, hankimme tietoa, hallitsemme valtakuntia, lahjoitamme miljoonia, teemme tutkimusmatkoja, yritämme tulla kuuluisiksi, autamme apua tarvitsevia, ryhdymme hyväntekijöiksi tai tavoittelemme marttyyrikuolemaa. Jäljempänä osoitetaan, että Jumalan etsinnästä tulee meille todellisuutta, kun pidämme varsinaisen päämäärämme kirkkaana mielessämme. Tiemme askelmat voivat olla monet ja välilliset tekomme ja motiivimme lukemattomat, mutta perimmäinen motiivimme on aina sama – pysyvän Autuuden saavuttaminen, vaikka sitten pitkänkin tekojen ketjun kautta.

Yleensä ihmiset haluavat saavuttaa ketjun päässä olevan lopulliseen tavoitteen. Joku saattaa tappaa itsensä lopettaakseen tuskansa tai tehdä murhan päästäkseen eroon jostain puutteesta tai kärsimyksestä tai kauheasta sydänsurusta ja ajatella siten saavuttavansa todellisen tyydytyksen tai helpotuksen, joita hän erheellisesti luulee Autuudeksi. Mutta huomattakoon, että jälleen on kyse samasta (joskin harhaisesta) perimmäisen päämäärän tavoittelusta.

Joku saattaa sanoa: "En minä mielihyvästä tai onnellisuudesta välitä. Elän saavuttaakseni jotain, menestyäkseni." Joku toinen sanoo: "Haluan tehdä hyvää tässä maailmassa. Ei ole väliä, koenko tuskaa vai en." Mutta jos katsoo näiden ihmisten mieleen, löytää aivan saman onnellisuuden tavoittelun. Haluaako ensimmäinen heistä sellaista menestystä, jonka saavuttamiseen ei liity mielihyvää tai onnellisuutta? Haluaako toinen tehdä hyvää toisille tulematta itse onnelliseksi siitä? Mitä ilmeisimmin ei. Nämä ihmiset eivät ehkä välitä, vaikka joutuisivat kokemaan tuhat ja yksi sellaista fyysistä kipua tai henkistä tuskaa, jotka toiset heille aiheuttavat tai jotka johtuvat tavalla tai toisella heidän menestyksen tavoittelustaan tai hyvän tekemisestään. Silti kyse on yhtä kaikki siitä, että satunnaisista vaikeuksista huolimatta toinen etsii menestystä, koska saa siitä suurta tyydytystä, ja toinen haluaa tehdä hyvää toisille, koska nauttii siitä tavattomasti.

Epäitsekkäinkin vaikutin ja vilpittöminkin pyrkimys edistää ihmiskunnan hyvää sen itsensä vuoksi juontuvat perimmäisestä tarpeesta kokea jalostunutta henkilökohtaista onnellisuutta, joka lähestyy Autuutta. Mutta nyt ihminen ei etsi onnellisuutta ahtaan oman edun tavoittelusta vaan kokee onnea pyrkiessään avarasti palvelemaan "puhdasta itseä", joka on sinussa ja minussa ja kaikissa. Tällainen onnellisuus tulee lähelle Autuutta. Niinpä sitä, jolla puhtaan Autuuden tavoittelu on epäitsekkään toiminnan henkilökohtaisena vaikuttimena, ei voida syyttää kapeasta itsekkyydestä, sillä kukaan ei voi saavuttaa puhdasta Autuutta, ellei ole itse niin avara, että toivoo ja tavoittelee sitä myös muille. Näin sanoo universaali laki.

Uskonnon universaali määritelmä

Jos siis kaikkien ihmisten toiminnan motiiveja jäljitetään yhä kauemmas, perimmäisen motiivin havaitaan olevan aina sama – kärsimyksen poistaminen ja Autuuden saavuttaminen. Koska tämä päämäärä on universaali, se on katsottava tärkeimmäksi. Ja se mikä ihmiselle on universaalia ja tärkeintä, on tietenkin uskontoa hänelle. Niinpä *uskonnon sisältönä on väistämättä pidettävä kärsimyksen poistamista pysyvästi ja Autuuden, toisin sanoen Jumalan, saavuttamista.* Niitä toimia, joihin ryhdymme kärsimyksen pysyväksi välttämiseksi ja Autuuden eli Jumalan saavuttamiseksi, kutsutaan uskonnollisiksi. Jos ymmärrämme uskonnon tällä tavoin, sen universaalisuus tulee ilmeiseksi. Eihän kukaan voi kiistää haluavansa pysyvästi välttää kärsimyksen ja saavuttaa Autuuden. Tämä totuus on kaikkien myönnettävä; se ei ole kiistettävissä. Ihmisen koko olemassaolo kietoutuu yhteen sen kanssa.

Kaikki haluavat elää, koska he rakastavat uskontoa. Jopa itsemurhan tekijä rakastaa uskontoa, sillä hän luulee saavuttavansa teollaan onnellisemman tilan kuin sen, missä hän on eläessään, tai vähintäänkin hän ajattelee pääsevänsä eroon jostain häntä vaivaavasta kärsimyksestä. Tässä tapauksessa on kyse karkeasta uskonnosta mutta uskonnosta yhtä kaikki. Itsemurhaajan tavoite on täysin oikea, se sama joka kaikilla ihmisillä on, sillä kaikki haluavat saavuttaa onnellisuuden, toisin sanoen Autuuden. Mutta hänen

keinonsa on epäviisas. Tietämättömyytensä takia hän ei
ymmärrä, miten voisi saavuttaa Autuuden, joka on kaikkien
ihmisten päämäärä.

Mitä on olla uskonnollinen?

Edellä sanotun perusteella maailman jokainen ihminen
on eräässä mielessä uskonnollinen, koska jokainen yrittää
päästä eroon puutteesta ja tuskasta ja saavuttaa Autuuden.
Kaikilla on sama päämäärä. Mutta sanan suppeassa merki-
tyksessä maailmassa on vain harvoja uskonnollisia ihmisiä,
sillä vaikka kaikilla on sama tavoite, ainoastaan harvat
tuntevat tehokkaimman tavan, jolla vapautua pysyvästi
kaikesta tuskasta ja puutteesta – niin fyysisestä, henkisestä
kuin hengellisestäkin – ja jolla voi saavuttaa tosi Autuuden.

Todellinen Jumalan etsijä ei voi pitäytyä joustamat-
tomaan ja ahtaan oikeaoppiseen käsitykseen uskonnosta,
vaikka tuo käsitys onkin etäistä sukua sille mitä tarkoitan
uskonnolla. Jos et vähään aikaan osallistu kirkonmenoihin
tai temppeliseremonioihin, mutta toimit uskonnollisesti
omassa arjessasi olemalla tyyni, rauhallinen ja antelias sekä
keskittymällä siihen mitä teet ja säilyttämällä onnellisuutesi
vaikeimmissakin koettelemuksissa, oikeaoppisuutta koros-
tavat tai asioita kapeasti katsovat tavalliset ihmiset puis-
televat päätään. He julistavat, että vaikka yrität olla hyvä,
niin silti uskonnon näkökulmasta tai Jumalan silmissä olet
luopumassa uskostasi, koska et ole viime aikoina oleskellut
pyhissä paikoissa.

Vaikka ei tietenkään voi olla mitään pätevää syytä la-
kata kokonaan käymästä pyhäköissä, ei toisaalta myöskään
ole mitään todellista perustetta pitää jotakuta uskonnolli-
sempana vain siksi, että hän käy kirkossa, jos hän samaan

aikaan laiminlyö uskonnon periaatteiden noudattamisen, siis niiden, jotka lopulta johtavat pysyvän Autuuden saavuttamiseen. Uskontoa ei ole naulattu kirkonpenkkiin eikä sitä ole sidottu kirkossa toimitettaviin seremonioihin. Jos asenteenasi on syvä kunnioitus ja jos elät arkeasi pyrkien rikkumattomaan Autuuden kokemiseen, olet aivan yhtä uskonnollinen kirkon ulko- kuin sisäpuolellakin.

Tätä ei tietenkään pidä ymmärtää kehotukseksi hylätä kirkkoa, sillä kirkosta on yleensä apua monin tavoin. Mutta haluan korostaa, että jos kuuntelet kirkon penkissä passiivisena saarnaa siihen paneutuen, sinun on myös kirkon ulkopuolella aktiivisesti ponnisteltava ikuisen onnellisuuden saavuttamiseksi. Ei niin, etteikö kuunteleminenkin olisi omalla tavallaan hyvä asia; sitä se toki on.

Uskonto "sitoo" meidät lakeihin, jotka tähtäävät hyväämme

Englannin kielen sana uskonto, "religion", tulee latinan verbistä *religare*, 'sitoa'. Mikä sitoo, kenet ja miksi? Jos jätetään sivuun oikeaoppiset selitykset, on itsestään selvää, että sitomisen kohteena olemme "me". Mikä meitä sitoo? Eivät tietenkään kahleet ja kettingit, vaan uskonnon voidaan sanoa sitovan meitä yksinomaan sääntöjen, lakien ja kehotusten voimalla. Miksi se tekee niin? Tehdäkseen meistä orjia? Kieltääkseen meiltä syntymäoikeutemme, ajatuksen ja toiminnan vapauden? Se olisi kohtuutonta. Aivan kuten uskonnolla on oltava olemassaololleen riittävä syy, myös sen syyn "sitoa" meitä on oltava hyvä. Mikä se on? Ainoa järkiperäinen vastaus, jonka voimme antaa, on: uskonto sitoo meitä säännöin, laein ja kehotuksin estääkseen meitä rappeutumasta ja vaipumasta fyysiseen, henkiseen tai hengelliseen kurjuuteen.

Fyysisen ja henkisen kärsimyksen tunnemme. Mutta mitä on hengellinen kärsimys? Se on sitä, ettemme tunne Henkeä. Tuo kärsimys on läsnä aina jokaisessa rajallisessa olennossa, tosin usein huomaamatta, kun taas fyysinen ja henkinen tuska tulevat ja menevät. Voimmeko yllä kuvatun sijaan esittää uskonnon suorittamalle "sitomiselle" mitään muuta syytä, joka ei olisi joko järjetön tai vastenmielinen? On selvää, että muiden syiden, jos sellaisia on, on oltava alisteisia edellä mainitulle.

Eikö aiemmin annettu uskonnon määritelmä ole sopusoinnussa uskonnon perusmerkityksen, "sitomisen", kanssa? Edellä todettiin uskonnon tarkoittavan osaltaan tuskan, kurjuuden ja kärsimyksen pysyvää välttämistä. Kyse ei kuitenkaan voi olla pelkästään siitä, että päästäisiin eroon jostain, kuten tuskasta, vaan uskonnon täytyy merkitä myös jonkin saavuttamista. Se ei voi olla vain sitä, että jotain ei ole, vaan sen on oltava myös sitä, että jotain on. Miten voisimme pysyvästi välttyä tuskalta ilman sen vastakohtaa, Autuutta? Vaikka Autuus ja tuska eivät käsitteellisesti ole täsmälleen toistensa vastakohtia, edellinen on joka tapauksessa myönteinen tietoisuudentila, johon voimme tarrautua päästäksemme tuskasta. Emme tietenkään kykene riippumaan loputtomiin missään neutraalissa tunteessa, joka ei ole sen paremmin paha kuin hyväkään. Toistan, että uskonto ei tarkoita vain tuskan ja kärsimyksen välttämistä vaan myös Autuuden eli Jumalan saavuttamista (siihen että Autuus ja Jumala tarkoittavat eräässä mielessä samaa, palataan alla).

Näin ollen päädymme samaan uskonnon määritelmään, tarkastelimmepa sitten uskonnon sitomiseen viittaavaa perusmerkitystä tai ihmisen toiminnan syitä.

Uskonnossa on kyse perusperiaatteista

Uskonnossa on kyse perusperiaatteista. Jos perustavin motiivimme on Autuuden tai onnellisuuden löytäminen ja jos viime kädessä tuo perimmäinen motiivi vaikuttaa joka ikiseen tekoomme ja jokaiseen elämämme hetkeen, eikö tuota kaipuuta ole syytä kutsua ihmisluonnon syvimpään juurtuneeksi tarpeeksi? Ja mitä uskonto voi olla, ellei se ole jotenkin kietoutunut yhteen ihmisluonnon syvimmän kaipuun kanssa? Jotta uskonnolla olisi todellista arvoa elämälle, sen pohjana täytyy olla syvä elämässä vaikuttava vaisto tai kaipuu. Tämä on apriorinen eli havainnoista riippumaton argumentti sen uskontokäsityksen puolesta, jota tämä kirja edustaa.

Jos joku vastaa, että ihmisellä on onnellisuuden kaipuun lisäksi monia muitakin vaistoja tai viettejä (kuten sosiaalisiin suhteisiin ja itsesäilytykseen liittyvät) ja kysyy, miksei uskontoa pitäisi nähdä myös niiden valossa, vastaus kuuluu, että nuo muut ovat joko alisteisia vaistomaiselle onnellisuuden etsinnälle tai niin erottamattomasti siihen liittyviä, että ne eivät vaikuta mainittavasti tulkintaamme uskonnosta.

Kerratkaamme vielä edellä esitetty teesi: *se mikä ihmiselle on universaalia ja kaikkein tärkeintä, on katsottava hänen uskonnokseen.* Sillä jos tärkein ja universaalein asia ei ole hänen uskontonsa, niin mikä sitten on? Ei varmastikaan sattumanvaraisin ja muuttuvaisin. Jos yritämme tehdä rahasta sen ainoan asian, johon elämässä tarvitsee kiinnittää huomiota, rahasta tulee uskontomme – "dollari on Jumalamme." Hallitseva motiivimme elämässä, mikä se sitten onkin, on meille uskonto.

Oikeaoppiset käsitykset asiasta voidaan tässä sivuuttaa, sillä toimintaamme ohjaavat periaatteet osoittavat uskontomme; älyllinen opinkappaleiden tunnustaminen tai seremonioiden noudattaminen ei sitä ratkaise. Meidän ei itse tarvitse julistaa, mitä uskontoa seuraamme. Eikä ole tarpeen odottaa, että joku teologi tai pappi nimeää lahkomme tai uskontomme – periaatteemme ja toimintamme kertovat sen meille ja muille lukemattomin tavoin.

Tärkeintä tässä on, että mikä tahansa onkin sokean, yksinomaisen palvontamme kohde, sen taustalla on aina jokin perustavanlaatuinen motiivi. Eli vaikka raha, bisnes, perustarpeiden tyydyttäminen tai ylellisyyksien haaliminen olisi elämässämme kaikki kaikessa, todellisuudessa toimintamme taustalla on vielä syvempi motiivi: haluamme näitä asioita karkottaaksemme tuskan ja saavuttaaksemme onnen. Tämä perustava motiivi on ihmiskunnan todellinen uskonto; muut, toissijaiset motiivit ovat pelkkiä valeuskontoja. Koska uskontoa ei kuitenkaan ymmärretä tällä yleispätevällä tavalla, monet pitävät sitä pilvilinnojen rakenteluna tai muodikkaana ajanvietteenä, joka on tarkoitettu naisille tai vanhoille ja heikoille.

Universaali uskonto on välttämätön käytännön syistä

Tämän kaiken perusteella voimme havaita, että universaali uskonto (eli edellä kuvatulla yleispätevällä tavalla määritelty uskonto) on *käytännöllisesti* välttämätön. Sen välttämättömyys ei ole keinotekoista tai pakotettua. Vaikka tunnemme sen välttämättömyyden sydämessämme, emme valitettavasti aina pysty elämään sitä todeksi. Jos voisimme, tuska olisi kauan sitten kadonnut maailmasta, sillä tavallisesti pyrimme mihin hintaan hyvänsä saavuttamaan sen, mitä pidämme välttämättömänä. Jos joku pitää rahan ansaitsemista välttämättömänä perheensä elatukselle, hän ei kaihda vaaroja turvatakseen ansionsa. On sääli, ettemme katso uskontoa samalla tavalla välttämättömäksi. Näemme sen jonkinlaisena koristeena emmekä olennaisena osana ihmiselämää.

On myös suuri vahinko, että vaikka kaikkien ihmisten päämäärä on väistämättä uskonnollinen – mehän toimimme aina poistaaksemme puutetta ja ollaksemme onnellisia – niin pahasti virheellisten käsitystemme harhaanjohtamina pidämme tosi uskontoa, siten kuin se edellä määriteltiin, vähäpätöisenä asiana.

Mistä tämä johtuu? Miksi emme ymmärrä, että se mikä näyttäytyy meille merkityksettömänä on todellisuudessa välttämätöntä? Vastaus kuuluu: tämä johtuu yhteiskunnassamme omaksutuista tottumuksista ja omasta kiintymyksestämme aistikohteisiin.

Tavanomainen seuramme määrää, miten tarpeellisena pidämme eri asioita. Ajatellaanpa henkilöiden ja olosuhteiden vaikutusta. Jos haluat tehdä länsimaisesta ihmisestä itämaisen, laita hänet aasialaisten keskuuteen, tai jos haluat tehdä itämaisesta länsimaalaisen, sijoita hänet eurooppalaisten joukkoon – ja katso, mitä tapahtuu. Seuraukset ovat ilmeisiä ja väistämättömiä. Länsimaalainen oppii pitämään idän tavoista, pukeutumisesta, elämäntavasta ja ajattelusta ja päinvastoin. Asiassa ei näytä olevan olemassa mitään absoluuttista totuutta.

Yhdestä asiasta useimmat ihmiset ovat kuitenkin samaa mieltä: maallinen elämä huolineen ja nautintoineen, onnineen ja onnettomuuksineen on elämisen arvoista. Vain harvat jos hekään muistuttavat meitä universaalin uskonnon välttämättömyydestä, ja niinpä emme ole siitä kovin tietoisia.

Paramahansa Yogananda eräiden muiden osanottajien kanssa
Bostonissa lokakuussa 1920 pidetyssä Uskontoliberaalien kan-
sainvälisessä konferenssissa. Sri Yogananda puhui arvovaltaiselle
yleisölle aiheenaan "Uskonnon tiede".

Unity House, Uskontoliberaalien kansainvälisen konferenssin
pitopaikka.

Paramahansa Yogananda puhumassa Denverissä elokuussa 1924.

On tosiasia, että vain harvat tähyävät oman elämän-
piirinsä ulkopuolelle. Tuohon piiriin kuuluvat asiat ovat
useimmille perusteltuja, tärkeitä ja tavoiteltavia, ja ne muo-
dostavat ajattelun ja toiminnan lähtökohdan. Oman elä-
mänpiirin ulkopuoliset asiat eivät saa huomiota tai niitä
pidetään toissijaisina. Esimerkiksi asianajaja paneutuu mitä
suurimmalla innolla lakiasioihin; muut asiat ovat pääsään-
töisesti vähemmän tärkeitä hänelle.

Universaalin uskonnon välttämättömyys käytännön
kannalta jää usein pelkäksi teoriaksi, kun uskonto ymmär-
retään älyllisen puuhastelun kohteeksi. Jos jokin uskon-
nollinen ihanne on meille vain älyllinen käsite, luulemme
helposti, että olemme saavuttaneet tuon ihanteen ja että
meidän ei ole tarpeen todella elää sen mukaisesti.

Teemme suuren virheen, jos sekoitamme keskenään
käytännöllisen ja teoreettisen välttämättömyyden. Pieni
pohdiskelu saisi ehkä monet myöntämään, että universaali
uskonto varmastikin tarkoittaa tuskan välttämistä ja Autuu-
den tietoista kokemista, mutta vain harvat ymmärtävät näin
määritellyn uskonnon käytännön välttämättömyyden.

OSA 2

TUSKA, MIELIHYVÄ JA AUTUUS: MITEN NE EROAVAT

Tuskan ja kärsimyksen perimmäinen syy

Seuraavaksi on syytä tutkia, mikä on niin henkisen kuin fyysisenkin tuskan ja kärsimyksen perimmäinen syy. Niiden välttäminenhän muodostaa osan universaalista uskonnosta. Ensinnäkin voimme todeta yhteisen ja yleismaailmallisen kokemuksemme pohjalta, että olemme aina tietoisia itsestämme sinä aktiivisena voimana, joka suorittaa sekä henkiset että fyysiset tekomme. Me todellakin suoritamme monenlaisia tehtäviä: aistimme, ajattelemme, muistamme, tunnemme, toimimme ja niin edelleen. Kaikkien näiden tekemisten taustalla voimme kuitenkin kokea niitä hallitsevan "minän" tai "itsen", joka pysyy oman käsityksensä mukaan olennaisesti samana ajan kulumisesta riippumatta.

Raamatussa sanotaan: "Ettekö tiedä, että te olette Jumalan temppeli ja että Jumalan Henki asuu teissä?"[1] Jokainen ihminen on yksilönä hengellinen Itse, kaikkiallisen autuaan Hengen – Jumalan – heijastuma. Aivan kuten yhdestä auringosta heijastuu monta kuvaa vedellä täytetyistä astioista, ihmiskunta näyttäytyy jakautuneena moniksi sieluiksi, jotka on kytketty näihin fyysis–henkisiin välineisiin. Ne ovat ulkokohtaisesti katsoen erillään kaikkiallisesta Hengestä, mutta todellisuudessa Jumala ja ihminen ovat yhtä ja erillisyys vain näennäistä.

[1] 1. Kor. 3:16.

Mutta jos kerran olemme siunattuja, hengellisiä hei-
jastumia, mistä johtuu, että emme ole lainkaan tietoisia
autuaasta tilastamme, vaan päinvastoin koemme fyysistä ja
henkistä tuskaa ja kärsimystä? Vastaus on, että hengellinen
Itsemme on (miten se sitten onkin tapahtunut) saattanut
itsensä tilaan, jossa se samaistuu katoavaiseen kehoon ja
levottomaan mieleen. Tämän vuoksi tuo hengellinen Itse
tuntee surua tai iloa sen mukaan, miten sairas ja epämiel-
lyttävä tai terve ja miellyttävä on sen samaistumiskohteena
olevan kehon tai mielen tila. Nämä vaihtelevat tilat häirit-
sevät jatkuvasti hengellistä Itseä tuon samaistumisen takia.

Tilannetta voidaan verrata samaistumiseen kuvaannol-
lisemmassa mielessä: ainoaan lapseensa syvästi samaistunut
äiti joutuu suureen tuskaan, jos hän saa vaikkapa vain epä-
varman tiedon lapsensa kuolemasta, mutta ei tunne ehkä
lainkaan tuskaa kuullessaan toisen äidin lapsen kuolleen,
koska ei ole samaistunut tähän. Millainen tuska seuraakaan
samaistumisesta, joka ei ole kuvaannollista vaan todellista!
Niinpä *katoavaiseen kehoon ja levottomaan mieleen samais-
tuminen on hengellisen Itsemme kurjuuden perimmäinen syy.*

Lähtien ymmärryksestä, että hengellisen Itsen samais-
tuminen kehoon ja mieleen on tuskan ensisijainen syy,
siirrymme nyt tuskan välittömien syiden psykologiseen ana-
lyysiin sekä tuskan, mielihyvän ja Autuuden välisiin eroihin.

Tuskan välittömät syyt

Mainitun samaistumisen vuoksi hengellisellä Itsellä
näyttää olevan tiettyjä henkisiä ja fyysisiä taipumuksia.
Halu toteuttaa noita taipumuksia luo puutteen, ja puute
synnyttää tuskaa. Taipumukset ovat joko luontaisia tai han-
kittuja: luontainen taipumus synnyttää luontaisen puutteen,

hankittu taipumus synnyttää hankitun puutteen.
Hankittu puute muuttuu luontaiseksi ajan mittaan, kun
siitä tulee tottumus. Mutta olipa puute minkä laatuinen
tahansa, se tuottaa tuskaa. Mitä enemmän asioita meiltä
puuttuu, sitä vaikeampaa on saavuttaa niitä kaikkia, ja mitä
enemmän täyttymättömiä tarpeita meillä on, sitä suurempi
on tuskamme. Halujen ja puuttuvien asioiden määrän kasvu
johtaa tuskan lisääntymiseen. Jos jollain halulla ei näytä ole-
van välittömän tyydyttymisen mahdollisuutta tai jokin tulee
esteeksi, tuska on välitön seuraus.

Mitä on halu? Ei mitään muuta kuin uusi kiihtymystila,
johon mieli saattaa itsensä – mielen oikku; ja se johtuu seu-
rasta jossa olemme. Näin ollen *halu, ts. mielen kiihtymyksen
lisääminen, on tuskan ja kurjuuden syy,* ja halusta johtuu
myös erheellinen yrityksemme tyydyttää tarpeita siten, että
ensin luomme ja lisäämme niitä ja sitten yritämme tyy-
dyttää ne niiden kohteilla, sen sijaan että pyrkisimme alun
alkaen minimoimaan niiden määrän.

Joskus tuska näyttäisi syntyvän ilman, että sitä edeltää
halu – esimerkiksi silloin, kun saamme haavan. Mutta tässä
tapauksessa tulisi huomata, että haavan syntyminen on
ristiriidassa terveenä pysymisen halumme kanssa, joka on
tietoisesti tai tiedostamatta läsnä mielessämme ja läpäisee
koko kehomme. Eli kun halu, tietty mielen kiihtymystila,
ei voi toteutua, eikä tuota halua voida poistaa, seuraa tuska.

Samalla tavoin kuin halu johtaa tuskaan, se johtaa myös
mielihyvään. Erona on vain, että edellisessä tapauksessa ha-
luun liittyvää puutetta ei tyydytetä, kun taas jälkimmäisessä
tapauksessa haluun liittyvä puute näyttää tulevan tyydyte-
tyksi jonkin ulkoisen kohteen avulla.

Mutta tämä mielihyvän kokemus, joka aiheutuu puut-
teen tyydyttämisestä ulkoisilla kohteilla, ei ole pysyvä. Se

haihtuu, ja meille jää vain muistikuva niistä kohteista, jotka näyttivät poistavan puutteen. Niinpä kun noiden kohteiden halu jatkossa muistikuviemme vuoksi palaa, koemme jälleen puutteen, joka johtaa tuskaan, ellei sitä tyydytetä.

Mielihyvä on kaksinainen kokemus

Mielihyvä on kaksinainen kokemus. Se koostuu toisaalta "kiihtymystietoisuudesta", jota koetaan kun halun kohde on saatu omaksi, ja toisaalta tietoisuudesta, että kohteen puuttumisesta johtunut tuska on poissa. Mielihyvään liittyy sekä tunne että ajatus. Jälkimmäistä voidaan nimittää "vastakohtatietoisuudeksi" (joka käsittää sekä sen, miten tunsin tuskaa, ennen kuin sain haluni kohteen, että sen, miten nyt olen tuskasta vapaa saatuani haluamani asian). Mielihyvän viehätys perustuu pääosin vastakohtatietoisuuteen.

Havaitsemme, että puutetietoisuus edeltää mielihyvätietoisuutta, jossa koetaan tietoisuus puutteen tyydytetyksi tulemisesta. Eli mielihyvätietoisuus liittyy puutteeseen ja puutteen tyydyttymiseen. Mieli luo puutteen ja tyydyttää sen.

On suuri virhe pitää jotain ulkoista kohdetta itsessään miellyttävänä ja varastoida ajatus siitä mieleen toivoen, että tuo kohde voi tulevaisuudessa tyydyttää läsnäolollaan jonkin puutteen. Jos kohteet sinänsä olisivat miellyttäviä, silloin sama puku tai ruoka miellyttäisi aina kaikkia, ja näinhän ei ole.

Se mitä kutsutaan *mielihyväksi,* on mielen luomus – *harhainen kiihtymystietoisuuden tila, jonka olemassaolo riippuu edeltävän halun tyydyttymisestä ja vallitsevasta vastakohtatietoisuudesta.* Mitä enemmän jonkin asian ajatellaan aikaansaavan mielihyvätietoisuutta ja mitä enemmän siihen kohdistuvaa halua vaalitaan, sitä todennäköisemmin kaivataan tuota asiaa itseään; sen läsnäolon ajatellaan tuottavan mielihyvää ja sen poissaolon puutteen tunnetta. Kumpikin tietoisuudentila johtaa lopulta tuskaan.

Niinpä jos todella haluamme vähentää tuskaa, meidän on vähitellen vapautettava mieli niin suuressa määrin kuin mahdollista kaikesta halusta ja puutteen tunteesta. Jos tiettyyn asiaan, jonka ajatellaan tyydyttävän kokemamme puutteen, kohdistuva halu karkotetaan, ei synny mielihyvän harhaista kiihtymystietoisuutta, ei vaikka kyseinen asia olisi jollain tapaa läsnä.

Mutta sen sijaan että vähentäisimme puutteen tunnetta, me yleensä lisäämme sitä. Luomme monenlaisia uusia tarpeita tyydyttäessämme yhden, ja haluamme toteuttaa ne kaikki. Saatamme vaikkapa perustaa yrityksen halutessamme välttää rahan puutteen. Voidaksemme hoitaa liiketoimiamme meidän on kiinnitettävä huomiota tuhansiin tarpeellisiin asioihin. Jokainen puute ja tarve puolestaan liittyy toisiin ja vaatii huomiotamme ja niin edelleen.

Näemme siis, että alkuperäinen, rahan puutteeseen liittynyt tuskamme tuhatkertaistuu muiden tarpeiden vuoksi. Tämä ei tietenkään tarkoita, että yrityksen johtaminen tai rahan ansaitseminen ovat pahoja tai turhia asioita. Olennaista on, että aina vain suurempien tarpeiden synnyttäminen on pahasta.

Keinot ja päämäärä sekoittuvat

Hulluutemme alkaa, jos halutessamme ansaita rahaa tiettyyn tarkoitukseen teemme rahasta itsetarkoituksen. Silloin keinosta tulee päämäärä ja todellinen päämäärä katoaa näkyvistämme. Näin kurjuutemme alkaa taas. Tässä maailmassa jokaisella on velvollisuutensa. Tarkastelkaamme nyt vaikka edellä mainittua esimerkkiä.

Perheellisen ihmisen on ansaittava rahaa elättääkseen perheensä. Hän saattaa perustaa oman yrityksen ja perehtyä huolellisesti kaikkeen, minkä avulla hän voi saada yrityksen menestymään. Mutta mitä tapahtuu jonkin ajan kuluttua? Yritys menestyy ja rahaa alkaa ehkä kertyä, niin että sitä on pian enemmän kuin hän tarvitsee omien ja perheensä tarpeiden tyydyttämiseen.

Sitten tapahtuu jompikumpi kahdesta asiasta. Joko rahan ansaitsemisesta tulee itsetarkoitus, ja yrittäjä alkaa tuntea erityislaatuista nautintoa sen tahkoamisesta, tai saattaa käydä niin, että yrityksen pyörittämisestä tulee itsetarkoitus. Havaitsemme, että kummassakin tapauksessa alkuperäisen tavoitteen eli tarpeiden tyydyttämisen keinosta tulee itsetarkoitus: rahasta tai yritystoiminnasta tuleekin päämäärä.

Voi myös tapahtua, että syntyy uusia, turhia tarpeita, joita sitten yritetään tyydyttää erilaisilla ulkoisilla kohteilla. Joka tapauksessa huomiomme ajautuu pois Autuudesta (jonka me luonnostamme sekoitamme mielihyvän kanssa tehden jälkimmäisestä päämäärämme). Tarkoitus, jota varten perustimme yrityksen, muuttuu toissijaiseksi ja olosuhteiden tai keinojen luominen tai parantaminen ensisijaiseksi. Olosuhteiden tai keinojen luomisen tai parantamisen taustalla taas on niihin kohdistuva halu eli kiihtymys tai tunne, ja myös muistikuva siitä, miten ne saivat aikaan mielihyvää.

Halu etsii luonnollisesti tyydytystä noiden olosuhteiden kautta: kun se tyydyttyy, syntyy mielihyvää, kun ei, tuskaa. Ja koska mielihyvä syntyy halusta ja on riippuvainen katoavaisista asioista, kuten jo totesimme, se johtaa kiihtymykseen ja tuskaan noiden asioiden kadotessa. Näin kurjuutemme alkaa.

Lyhyesti sanoen: yritystoiminnan alkuperäisestä tarkoituksesta eli fyysisen puutteen välttämisestä siirrymme keinoihin – joko toimintaan itseensä tai siitä tulevan rahan haalimiseen – tai joskus uusien tarpeiden luomiseen. Ja koska saamme näistä mielihyvää, ajaudumme tuskaan, joka on aina mielihyvän epäsuora seuraus, kuten totesimme.

Se mikä koskee rahan ansaitsemista, soveltuu kaikkeen inhimilliseen toimintaan. Aina kun unohdamme todellisen päämäärämme – Autuuden saavuttamisen tai sellaiseen tilaan tai elämäntapaan pääsemisen, joka lopulta johtaa Autuuteen – ja suuntaamme kaiken huomiomme ulkoisiin kohteisiin, joita erehdymme pitämään Autuuteen johtavina keinoina tai sen ehtoina, ja teemme niistä päämäärämme, niin tarpeemme, halumme ja kiihtymyksemme vain kasvavat; olemme kurjuuden ja tuskan tiellä.

Emme saisi koskaan unohtaa päämääräämme. Meidän tulisi panna tarpeemme aisoihin eikä jatkuvasti lisätä niitä, sillä se johtaa lopulta kurjuuteen. En kuitenkaan tarkoita, että emme saisi tyydyttää todellisia tarpeitamme, jotka johtuvat suhteestamme maailmaan tai että meidän pitäisi ryhtyä laiskoiksi haaveilijoiksi ja idealisteiksi, jotka vähät välittävät omasta tärkeästä osuudestaan ihmiskunnan kehityksen edistämisessä.

Yhteenvetona: tuska syntyy halusta, epäsuorasti myös mielihyvästä, joka virvatulen lailla houkuttaa ihmisiä harhaan tarpeiden suolle tehdäkseen heidät ikionnettomiksi.

Huomaamme siis, että kaiken kurjuuden alku ja juuri on halu, joka perustuu Itsen samaistumiseen mielen ja kehon kanssa. Niinpä meidän on *lopetettava tarrautuminen ulkoisiin kohteisiin poistamalla tuo samaistuminen.* Meidän pitäisi vain katkaista tuo tarrautumisen ja samaistumisen köysi. Suuren Ohjaajan rooleihimme valitsemina meidän tulisi näytellä osamme maailman näyttämöllä koko mielellämme, järjellämme ja kehollamme mutta pysyä samalla sisäisesti yhtä tyyninä ja mielihyvä- ja tuskatietoisuuden vaikutusten yläpuolella kuin tavallisen teatterin näyttelijät.

Kehoon samaistumattomuus johtaa Autuustietoisuuteen

Kun vapaudumme kiihkosta ja samaistumisesta, Autuus-tietoisuus kehkeytyy sisällämme. Niin kauan kuin olemme ihmisiä, meillä on haluja. Mutta miten voimme ihmisinä toteuttaa jumalallisuuttamme? Pyri ensin siihen, että halusi ovat järkeviä, ja kannusta sitten halujasi kohdistumaan yhä ylevämpiin asioihin yrittäen samalla saavuttaa Autuus-tietoisuutta. Tulet huomaamaan, että haluihin tarrautumisesi lieka katkeaa itsestään.

Toisin sanoen: Autuuden tyynestä keskuksesta käsin opit lopulta *sanoutumaan irti* omista vähäpätöisistä haluistasi ja pitäytymään vain niihin, joihin tunnet suuren lain sinua kannustavan. Kuten Jeesus Kristus sanoi: "älköön kuitenkaan tapahtuko minun tahtoni, vaan sinun." [2]

Sanoessani Autuuden olevan uskonnon universaali tavoite, en tarkoita Autuudella sitä, mitä sanotaan mielihyväksi, enkä sitä älyllistä tyydytystä, jonka halun tai tarpeen tyydyttäminen saa aikaan ja johon sisältyy kiihtymystä, kuten esimerkiksi sanoessamme olevamme kiihkeän innostuneita jostain. Autuudessa ei ole kiihtymystä, eikä se ole vastakohtatietoisuutta tähän tapaan: "Ne ja ne ulkoiset kohteet ovat poistaneet tuskani tai puutteeni." Se on täydellisen rauhan tietoisuus – tietoisuus tyynestä luonnostamme

[2] Luuk. 22:42.

– jota ei turmele häiritsevä tietoisuus tuskan poistumisesta. Asiaa voi havainnollistaa esimerkillä. Saan haavan ja tunnen kipua; haava paranee ja tunnen mielihyvää. Tämä miellyttävä tietoisuudentila koostuu kiihtymys- tai tunnetilasta sekä ajatuksesta, etten enää tunne haavan aiheuttamaa kipua.

Jos Autuuden saavuttanut saa fyysisen vamman, hän voi parannuttuaan todeta, ettei vamman syntyminen häirinnyt hänen tyyneyttään eikä sen parantuminen tuonut sitä takaisin. Hän tuntee kulkevansa läpi tuskan ja mielihyvän maailman, johon hän ei todellisuudessa ole yhteydessä ja joka ei voi sen paremmin häiritä häntä kuin lisätä hänen tyyntä ja autuasta tilaansakaan, joka alati virtaa hänen sisimmässään. Tuota Autuuden tilaa eivät kosketa mielihyvään ja tuskaan liittyvät halut ja kiihtymykset.

Autuus-tietoisuudella on kaksi puolta, jotka liittyvät toisaalta siihen, että jotain ei ole, ja toisaalta siihen, että jotain on. Edellistä edustaa mielihyvä–tuska-tietoisuuden poissaolo, jälkimmäistä syvä, ylimaallinen rauhan tila, johon sisältyy tietoisuus valtaisasta laajentumisesta ja siitä, että "kaikki on Yhdessä ja Yksi kaikessa." Autuus-tietoisuudella on eri asteita. Harras totuudenetsijä saa hieman esimakua Autuus-tietoisuudesta; näkijät ja profeetat ovat sen täyttämiä.

Koska mielihyvän ja tuskan alkuperä on haluissa ja tarpeissa, meidän pitäisi tuntea velvollisuudeksemme – mikäli tahdomme saavuttaa Autuuden – karkottaa kaikki muut halut paitsi sen, joka kohdistuu Autuuteen, todelliseen luontoomme. Jos kaikkea kehitystämme – tieteellistä, yhteiskunnallista ja poliittista – ohjaa tämä yksi yhteinen, yleismaailmallinen tavoite (kärsimyksen poistaminen), miksi toisimme mukaan aivan vieraan asian (mielihyvän) ja unohtaisimme pysyvästi kiinnittyä tyyneyteen ja Autuuteen?

Se joka saa mielihyvää terveydestään, joutuu väistä-
mättä välillä kokemaan sen menettämisen aiheuttamaa
tuskaa, koska hänen mielihyvänsä riippuu tietystä mie-
lentilasta eli terveyden kokemisesta. Ei ole pahasta olla
terve eikä ole väärin pyrkiä terveyteen. Mutta ei ole hyvä
tarrautua siihen ja antaa siihen liittyvien asioiden vaikuttaa
mielenrauhaansa. Sillä jos niin tekee, elättää halua, ja halu
johtaa kurjuuteen.

Pyrkikäämme terveyteen siksi, että se auttaa meitä
suoriutumaan velvollisuuksistamme ja saavuttamaan ta-
voitteemme, ei mielihyvän takia. Terveys joutuu kuitenkin
ennemmin tai myöhemmin väistymään sairauden tieltä.
Autuus ei sen sijaan ole riippuvainen mistään erityisestä
tilasta, ulkoisesta sen paremmin kuin sisäisestäkään. *Se on
Hengen luontainen tila.* Siksi ei ole pelkoa siitä, että jokin
muu tila syrjäyttäisi sen. Se virtaa virtaamistaan ikuisesti
sekä voiton että tappion hetkinä ja niin terveyden kuin sai-
raudenkin vallitessa, olimmepa rikkaita tai köyhiä.

OSA 3

JUMALA AUTUUTENA

Kaiken toiminnan yhteinen motiivi

Edeltävä tuskan, mielihyvän ja Autuuden käsittely psykologiselta kannalta selventää yhdessä seuraavien kahden esimerkin kanssa jo alussa sivuttuja käsityksiäni kaikille yhteisestä korkeimmasta tarpeesta ja Jumaluudesta. Totesin alussa, että tarkkailemalla ihmisten toimintaa huomaamme ihmisten perustavanlaatuiseksi ja yleismaailmalliseksi motiiviksi tuskan välttämisen ja edelleen Autuuden eli Jumalan saavuttamisen. Motiivin ensimmäistä osaa, kärsimyksen välttämistä, emme voi kiistää, jos tarkkailemme kaikkien maailmassa tehtävien hyvien ja pahojen tekojen vaikuttimia.

Ajatellaanpa esimerkkeinä itsemurhaan päätyvää ihmistä ja jotakuta todella uskonnollista henkilöä, joka suhtautuu kiihkottomasti tämän maailman asioihin. Ei voi olla epäilystä siitä, etteikö kumpikin yrittäisi päästä eroon heitä piinaavasta kärsimyksestä ja tehdä sen lopullisesti. Miten hyvin he onnistuvat, on toinen kysymys, mutta heidän toimintansa motiivi on yksi ja sama.

Mutta onko kaiken toiminnan taustalla *suoranaisesti* halu saavuttaa pysyvä Autuus eli Jumala – kaiken toiminnan yhteisen motiivin toinen osa? Onko pahantekijän välittömänä motiivina Autuuden saavuttaminen? Tuskin. Syy tähän tuli esiin, kun edellä käsiteltiin mielihyvää ja Autuutta. Kävi ilmi, että koska hengellinen Itse samaistuu kehoon, se on ottanut tavakseen ruokkia erilaisia haluja ja niistä seuraavaa puutteen tunnetta. Nämä halut ja tarpeet johtavat kärsimykseen, jos niitä ei tyydytetä ulkoisilla kohteilla, ja mielihyvään, jos ne tyydytetään niillä.

Mutta tässä ihminen syyllistyy kohtalokkaaseen virheeseen: Kun jokin tarve tyydyttyy, siitä seuraa miellyttävä kiihtymystila, jolloin ihminen tekee sen surullisen virheen, että näkee vain ne ulkoiset kohteet, jotka aiheuttivat tuon kiihtymystilan ja luulee niitä mielihyvänsä varsinaisiksi aiheuttajiksi. Hän unohtaa täysin, että hänellä oli ensin omassa mielessään kiihtymystila halun tai puutteen muodossa ja sitten toinen kiihtymystila, joka syrjäytti ensimmäisen eli mielihyvä, jonka ulkoisen kohteen saavuttaminen näytti aiheuttavan. Tosiasiassa yhdessä ja samassa mielessä heräsi ensin yksi kiihtymys, jonka korvasi toinen.

Ulkoiset kohteet ovat mielihyvän syitä vain näennäisesti, eivät todellisuudessa. Köyhä saattaa tyydyttää makeannälkänsä pienellä makeisella, ja tuo tyydytys aiheuttaa mielihyvän tuntemuksen. Mutta rikkaan makeannälkä saattaakin tyydyttyä vain parhailla leivonnaisilla, ja seurauksena on sama määrä mielihyvää. Riippuuko mielihyvä siis ulkoisista kohteista vai mielentilasta? Eiköhän ole selvää, että jälkimmäisestä.

Mutta mielihyvä on kiihtymystila, kuten olemme todenneet. Ei ole perusteltua ajaa pois halun aiheuttamaa kiihtymystä toisella, mielihyvän aiheuttamalla. Koska kuitenkin toimimme näin, kiihtymyksemme ei koskaan pääty, ja niin tuskamme ja kurjuutemme jatkuvat.

Vain Autuus-tietoisuus vapauttaa meidät kiihtymyksestä

Sen sijaan, että lietsomme halun aiheuttaman kiihtymyksen jatkumaan mielihyvän aiheuttamana, meidän tulisi saada se laantumaan. Se taas on mahdollista tehokkaasti vain Autuus-tietoisuuden avulla. Tämä ei ole kylmää tunteettomuutta vaan hyvin korkea tietoisuudentila, joka on niin tuskan kuin mielihyvänkin ulottumattomissa. Jokainen ihminen pyrkii tarpeitaan tyydyttämällä Autuuden saavuttamiseen mutta pysähtyykin erehdyksessä mielihyvään. Niinpä hänen halunsa ovat loputtomat, ja hän suistuu kärsimyksen pyörteeseen.

Mielihyvä on vaarallinen virvatuli, ja kuitenkin juuri se ohjaa toimintaamme. Se ei ole sen todellisempi kuin kangastus autiomaassa. Kuten edellä todettiin, mielihyvä koostuu toisaalta kiihtymystietoisuudesta ja toisaalta vastakohtatietoisuudesta, eli tuskan lakkaamisen tiedostamisesta. Pyrkiminen mielihyvään Autuuden sijasta merkitsee ryntäämistä päätä pahkaa siihen tietämättömyyden kehään, jossa mielihyvä ja tuska vaihtelevat loputtomiin. Joudumme tuhoon kauheaan kurimukseen laskiessamme katseemme Autuudesta mielihyvään.

Huomaamme siis, että vaikka ihmiskunnan todellinen päämäärä on tuskan välttäminen ja Autuuden saavuttaminen, niin kohtalokkaan virheen vuoksi se tuskaa välttäessään tavoitteleekin harhaisesti mielihyvää luullen sitä Autuudeksi.

Se että minkään yksittäisen ulkoisen kohteen saaminen ei koskaan tyydytä ihmistä, osoittaa epäsuorasti Autuuden, ei mielihyvän, saavuttamisen olevan hänen universaali, korkein tarpeensa. Hän lentää halusta toiseen: rahasta vaatteisiin, vaatteista kiinteään omaisuuteen, siitä aviollisiin nautintoihin – samana pysyy vain hänen rauhattomuutensa. Ja niin hän kerta toisensa jälkeen päätyy tuskaan siitä huolimatta, että pyrkii välttämään sen sopivina pitämillään keinoilla. Silti hän tuntee aina sydämessään jonkin tuntemattoman ja koskaan tyydyttymättömän kaipauksen. Sen sijaan uskonnollinen henkilö (toinen esimerkkimme) pyrkii aina käyttämään sopivia uskonnon keinoja päästäkseen yhteyteen Autuuden eli Jumalan kanssa.

Kun sanon Jumalaa Autuudeksi, tarkoitan luonnollisesti myös, että Hän on ikuisesti olemassa oleva ja myös, että Hän on *tietoinen* autuaasta olemassaolostaan. Ja kun toivomme Ikuista Autuutta eli Jumalaa, toivomme samalla ikuista, kuolematonta, muuttumatonta, ikuisesti tietoista olemassaoloa. Se että me kaikki, ylhäisimmästä alhaisimpaan, haluamme olla Autuudessa, on todistettu edellä sekä apriorisesti että ihmisten motiiveja ja toimintaa tarkastelemalla.

Sama asia voidaan sanoa hieman toisella tavalla: Kuvitellaanpa, että meille ilmestyisi jokin korkeampi olento, joka sanoisi kaikille maapallon ihmisille: "Te maailman asukkaat! Annan teille ikuisen murheen ja kurjuuden sekä ikuisen olemassaolon. Otatteko?" Kuinka moni pitäisi tällaisesta tulevaisuudennäkymästä? Ei yksikään. Kaikki haluavat ikuista Autuutta (*Ananda*) yhdessä ikuisen olemassaolon (*Sat*) kanssa. Itse asiassa ihmiskunnan motiivien tarkastelu osoittaa myös sen, ettei ole ketään joka ei haluaisi Autuutta.

Kukaan ei myöskään pidä ajatuksesta, että hänen olemassaolonsa lakkaisi; jos sellainen mahdollisuus otetaan puheeksi, se puistattaa meitä. Kaikki haluavat olla olemassa ikuisesti (*Sat*). Mutta jos meille tarjottaisiin ikuista olemassaoloa ilman *tietoisuutta* tuosta olemassaolosta, me torjuisimme sen. Sillä kuka haluaisi nukkua läpi ikuisuuden? Ei kukaan. Me kaikki haluamme tietoista olemassaoloa.

Haluamme siis ikuista, autuasta, tietoista olemassaoloa: *Sat-Chit-Ananda* (Olemassaolo-Tietoisuus-Autuus). Se on hindujen nimi Jumalalle. Ainoastaan käytännön syistä olemme edellä painottaneet Jumalan autuasta puolta ja

Autuuteen pyrkimisen motiivia ja jättäneet mainitsematta *Sat*- ja *Chit*-aspektit eli *tietoisen olemassaolon* (samoin kuin muitakin Hänen ominaisuuksiaan, joita tässä ei käsitellä).

Mitä Jumala on?

Mitä Jumala on? Jos Jumala on jotain muuta kuin Autuutta eikä yhteys Häneen synnytä meissä Autuutta tai aiheuttaa vain tuskaa, tai jos yhteys Häneen ei aja pois tuskaamme, tulisiko meidän haluta Häntä? Ei. Jos Jumala on jotain hyödytöntä, emme Häntä halua. Mitä hyötyä on Jumalasta, joka pysyttelee alati tuntemattomana ja jonka läsnäoloa emme kykene *sisäisesti* selvästi tuntemaan edes joskus elämässämme?

Millaisen Jumala-käsityksen tahansa järjellämme luommekin (esimerkiksi, "Hän on transsendentti, maailman tuolla puolen" tai "Hän on immanentti, läsnä maailmassa"), käsityksemme jää hämäräksi ja epämääräiseksi, ellemme pysty tuntemaan Jumalaa tuon käsityksen mukaisena. Itse asiassa pidämme Jumalan turvallisen välimatkan päässä ymmärtäen hänet milloin pelkäksi persoonalliseksi olennoksi, milloin taas ajatellen *teoreettisesti* Hänen olevan sisimmässämme.

Käsityksemme ja Jumala-kokemuksemme epämääräisyys johtaa siihen, että emme kykene ymmärtämään, miten välttämätön Hän todellisuudessa on ja miten suuri on uskonnon käytännöllinen arvo. Teoriamme tai käsityksemme värittömyys estää sitä vakuuttamasta meitä. Se ei muuta elämäämme, vaikuta toimintaamme havaittavalla tavalla eikä saa meitä pyrkimään Jumalan tuntemiseen.

Todiste Jumalan olemassaolosta on sisimmässämme

Mitä universaali uskonto sanoo Jumalasta? Se sanoo, että todiste Jumalan olemassaolosta on sisimmässämme. Kyseessä on sisäinen kokemus. Muistat varmasti ainakin yhden hetken elämässäsi, kun rukoillessasi tai hiljentyessäsi tunsit kehon kahleiden lähes kirvonneen ja elämän kaksinaisuuden – mielihyväsi ja tuskasi, pikku rakkautesi ja vihasi – hälvenneen mielestäsi. Puhdas Autuus ja tyyneys pulppusivat sydämeesi ja koit rikkumatonta rauhaa – Autuutta ja täyttymystä.

Vaikka tällainen korkeampi kokemus ei usein tule kaikkien osaksi, ei ole epäilystäkään, etteivätkö kaikki ainakin joskus, rukoillessaan, hiljentyessään tai meditoidessaan, olisi nauttineet puhtaan rauhan hetkistä.

Eikö tämä todista Jumalan olevan olemassa? Minkä muun suoran todisteen Jumalan olemassaolosta ja olemuksesta voimme antaa kuin sisäisen Autuuden kokemuksen tosi rukouksen tai hiljentymisen aikana? On toki olemassa myös kosmologinen Jumala-todistus: seurauksesta päättelemme syyn, maailmasta Maailmantekijän. On myös teleologinen todistus (*telos*, tarkoitusperä): maailman tarkoitusperäisestä suunnitelmallisuudesta päättelemme Korkeimman Älyn, joka on luonut tuon suunnitelman. On myös moraalinen Jumala-todistus: omastatunnosta ja täydellisyyden käsitteestä johdamme Täydellisen Olennon, jolle olemme vastuussa.

On kuitenkin myönnettävä, että nämä todistelut ovat enemmän tai vähemmän riippuvaisia päättelystä. Emme voi saavuttaa täyttä tai suoraa Jumalan tuntemusta rajallisten älyllisten kykyjemme avulla. Älyn avulla näemme asiat vain osittain tai epäsuorasti. Kun tarkastelemme jotain asiaa älyllisesti, emme pyri samaistumaan siihen vaan ottamaan siihen välimatkaa. Sen sijaan intuitio, joka selitetään myöhemmin, on totuuden suoraa ymmärtämistä. Autuus-tietoisuus eli Jumala-tietoisuus toteutuu intuition avulla.

Ei ole epäilyksen häivääkään, etteivätkö Autuus-

Iカ注意

---

tietoisuus ja Jumala-tietoisuus olisi yksi ja sama asia, sillä Autuus-tietoisuudessa tunnemme kapean yksilöllisyytemme muuntuneen, tunnemme nousseemme kaikkien vastakohtien, kuten kiintymyksen ja vastenmielisyyden sekä mielihyvän ja tuskan, yläpuolelle ja saavuttaneemme tason, josta katsoen tavanomaisen tietoisuudentilamme tuskaisuus ja arvottomuus näkyvät liiankin selvästi.

Koemme myös laajentuvamme sisäisesti ja tunnemme maailmaasyleilevää sympatiaa kaikkea kohtaan. Maailman kuohut kaikkoavat, kiihtymys katoaa, ja "kaikki Yhdessä ja Yksi kaikissa" -tietoisuus näyttää sarastavan meille. Ihana valo ilmestyy näkyviimme. Kaikki epätäydellisyys ja kömpelyys vajoaa olemattomuuteen. Tunnemme siirtyvämme toiseen maailmaan, ikuisen Autuuden alkulähteeseen, loppumattoman jatkumon alkupisteeseen. Eikö Autuus-tietoisuus siis ole sama kuin Jumala-tietoisuus, jossa edellä kuvatut tilat toteutuvat?

Niinpä on ilmeistä, ettei Jumalaa voi ymmärtää paremmin kuin Autuutena, jos yritämme tuoda Hänet jokaisen ihmisen tyynen kokemuksen ulottuville. Ja silloin Jumala ei ole enää mikään oletus tai teoria. Eikö tämä ole ylevä käsitys Jumalasta? Tunnemme Hänen ilmenevän sydämessämme meditaatiossa tai rukouksessa koetun Autuuden muodossa.

Uskonto on universaalisti välttämätön vain jos Jumala ymmärretään Autuutena

Jos ymmärrämme Jumalan tällä tavoin, Autuutena, silloin ja vain silloin voimme pitää uskontoa universaalisti välttämättömänä. Sillä kukaan ei voi kiistää, etteikö haluaisi saavuttaa Autuuden, ja mikäli haluamme saavuttaa sen oikealla tavalla, harjoitamme uskontoa lähestymällä Jumalaa ja tuntemalla Hänen läsnäolonsa – Hänen, jonka sanotaan olevan aivan lähellä meidän jokaisen sydäntä Autuutena.

Autuus-tietoisuus eli Jumala-tietoisuus voi läpäistä kaiken toimintamme ja olemisemme, jos vain annamme sen tehdä niin. Jos saamme siitä pitävän otteen, pystymme arvioimaan jok'ikisen teon ja motiivin suhteellisen uskonnollisen arvon.

Jos vain kerran vakuutumme siitä, että tuon Autuus-tietoisuuden saavuttaminen on uskontomme, tavoitteemme ja lopullinen päämäärämme, niin silloin kaikki epäilyksemme maailman eri uskontojen moninaisten opetusten, käskyjen ja kieltojen merkityksestä hälvenevät. Tulkitsemme niitä kaikkia sen kehitysasteen valossa, jolle ne on tarkoitettu.

Totuus loistaa meille, olemassaolon mysteeri saa ratkaisunsa ja näemme elämämme yksityiskohdat sekä tekomme ja motiivimme uudessa valossa. Pystymme erottamaan alastoman totuuden uskonnollisten oppien ulkonaisista lisäkkeistä ja näkemään ihmisiä harhaanjohtavien ja erottavien tapojen arvottomuuden.

Lisäksi, jos uskonto ymmärretään tällä tavoin, ei ole ketään – ei lasta, nuorta eikä vanhaa – joka ei voisi harjoittaa sitä, olipa hän missä asemassa tahansa: opiskelija, työläinen, asianajaja, lääkäri, puuseppä, tutkija tai filantrooppi. Jos uskonto merkitsee puutteen karkottamista ja Autuuden saavuttamista, kukapa ei yrittäisi olla uskonnollinen – ja kuka ei yrittäisi olla entistä uskonnollisempi, jos hänelle osoitetaan siihen sopivat keinot?

Tässä yhteydessä kysymys uskontojen – kuten Kristuksen, Muhammadin ja Sri Krishnan uskontojen – erilaisuuksista ei herää. Jokainen ihminen pyrkii väistämättä olemaan uskonnollinen, ja voi pyrkiä siihen yhä täydemmin ottamalla käyttöön sopivat keinot. Ei ole merkitystä, mihin kastiin, uskoon tai lahkoon kuulumme, miten pukeudumme, missä asumme, mikä on ikämme, sukupuolemme, ammattimme tai asemamme, sillä tämä uskonto on universaali.

Jos julistat, että kaikkien maailman ihmisten on hyväksyttävä Sri Krishna vapahtajakseen, hyväksyisivätkö kristityt ja muslimit sen? Jos pyytäisit kaikkia tunnustamaan Jeesuksen Herrakseen, tekisivätkö hindut ja muslimit niin? Ja jos kehottaisit kaikkia hyväksymään Muhammadin profeetakseen, suostuisivatko kristityt ja hindut siihen?

Mutta jos sanot: "Kristityt, muslimit ja hindut, veljeni! Herra, teidän Jumalanne, on Iki-Autuas Tietoinen Olemassaolo", eivätkö kuulijasi hyväksy sanasi? Onko kuviteltavissakaan, että he torjuisivat ne? Eivätkö he päinvastoin vaadi saada omistaa Hänet, Ainoan, joka voi lopettaa heidän kurjuutensa?

Tältä päätelmältä ei voi välttyä, vaikka sanottaisiin, etteivät kristityt, hindut ja muslimit ajattele Jeesusta, Krishnaa ja Muhammadia Herra Jumalana – heitä pidetään vain Jumalan lipunkantajina, jumaluuden ruumiillistumina. Entä jos noin ajatellaan? Eihän meitä niinkään kiinnosta Jeesuksen, Krishnan tai Muhammadin fyysiset kehot tai heitä koskevat historialliset tiedot.

Emmekä muista heitä vain sen takia, että he saarnasivat totuudesta uudella ja mielenkiintoisella tavalla. *Kunnioitamme heitä, koska he tunsivat Jumalan.* Tuo tosiseikka kiinnostaa meitä sekä heidän historiallisuudessaan että heidän moninaisissa tavoissaan ilmaista totuus.

Eivätkö he kaikki oivaltaneet Jumalan olevan Autuus ja osoittaneet todellisen autuaallisuuden olevan tosi jumalisuutta? Eikö tämä ole riittävä ykseyden side heidän välillään – muiden heidän mahdollisesti ilmaisemiensa Jumaluuden ja totuuden puolien lisäksi? Eikö kristittyjen, hindujen ja muslimien pitäisi olla kiinnostuneita toinen toistensa profeetoista, saavuttivathan nämä kaikki Jumala-tietoisuu-den? Niin kuin Jumala yhdistää maailman kaikkia uskon-toja, niin myös Hänen oivaltamisensa Autuutena yhdistää kaikkien uskontojen profeettoja.[1]

Hengelliset pyrkimyksemme saavat täyttymyksensä Jumalassa eli Autuus-tietoisuudessa

Tällaista käsitystä Jumalasta ei tule pitää niin abstrak-tina, että sillä ei ole mitään tekemistä niiden hengellisten toiveidemme ja pyrkimystemme kanssa, jotka edellyttävät persoonallista Jumalaa. Nyt ei ole kyse persoonattomasta olennosta siten kuin sana tavallisesti ymmärretään eikä ah-taasti käsitetystä persoonallisestakaan olennosta.

Jumala ei ole persoona siten kuin me rajoittuneet ih-miset olemme. Meidän olemuksemme, tietoisuutemme, tunteemme ja tahtomme ovat vain häivähtävä varjo Hänen Olemassaolostaan, Tietoisuudestaan ja Autuudestaan. Hän on persoona transsendenttisessa, ylimaallisessa merki-tyksessä. Meidän olemuksemme, tietoisuutemme ja tun-teemme ovat rajallisia ja kokemukseen sidottuja; Hänellä ne ovat rajattomia ja transsendenttisia. Hänellä on persoona-ton ja absoluuttinen puolensa, mutta meidän ei pidä ajatella Hänen olevan kaiken kokemuksen saavuttamattomissa – ei varsinkaan oman sisäisen kokemuksemme.

---

[1] Autuus-tietoisuutta korostetaan myös ns. ateistisissa uskonnoissa kuten buddhalaisuudessa. Buddhalainen *nirvana* ei tarkoita "valon puhaltamista sammuksiin" ja olemassaolon päättymistä, vaikka monet länsimaiset kirjai-lijat ovat niin erehtyneet luulemaan. Kyse on transsendenttisen tyyneyden tilasta, jossa kapea yksilöllisyys pyyhkäistään pois. Juuri näin tapahtuu korkeassa Autuus-tietoisuudessa; buddhalaiset eivät vain liitä siihen nimeä "Jumala".

Jokainen voi kokea Hänet sisäisessä tyyneydessä. Voimme oivaltaa Hänet Autuus-tietoisuudessa. Muuta suoraa todistusta Hänen läsnäolostaan ei voi olla. Kokiessamme Hänet Autuutena hengelliset toiveemme ja pyrkimyksemme saavat täyttymyksensä ja antaumuksemme ja rakkautemme löytävät kohteensa.

Käsitystä Jumalasta persoonallisena olentona, joka on vain suurennettu versio meistä itsestämme, ei tarvita. Jumala kykenee olemaan millainen vain tai muuttumaan millaiseksi tahansa – Hän voi olla persoonallinen, ei-persoonallinen, kaiken anteeksiantava, kaikkivaltias ja niin edelleen. Mutta meidän ei tarvitse kiinnittää huomiotamme näihin. Millaiseen jumalakuvaan olemmekin päätyneet, juuri se sopii meille, meidän toiveisiimme, pyrkimyksiimme ja täydellistymiseemme.

Meidän ei pitäisi myöskään ajatella, että edellä hahmoteltu käsitys Jumalasta tekee meistä uneksivia idealisteja ja saa meidät vieroksumaan käytännön velvollisuuksiamme ja vastuitamme sekä tämän maailman iloja ja suruja. Jos Jumala on Autuus ja me etsimme Autuutta tunteaksemme Hänet, emme voi laiminlyödä velvollisuuksiamme ja vastuitamme tässä maailmassa. Voimme niitä suorittaessamme tuntea Autuutta, sillä Autuus on niiden tuolla puolen, eivätkä ne voi vaikuttaa siihen. Ylitämme maailman ilot ja surut Autuudessa, mutta emme ylitä välttämättömyyttä huolehtia velvollisuuksistamme tässä maailmassa.

Itse-oivalluksen saavuttanut tietää, että Jumala on Tekijä; kaikki kykymme toimia virtaa Hänestä. Hengellisessä Itsessään lepäävä tuntee olevansa kaikkien toimien tyyni katsoja – olipa kyse näkemisestä, kuulemisesta, tuntemisesta, haistamisesta, maistamisesta tai mistä tahansa kokemuksesta. Autuuden kyllästäminä tällaiset ihmiset elävät elämäänsä Jumalan tahdon mukaisesti.

Kun viljelemme takertumattomuutta, ahdas itsekkyytemme häviää. Koemme vain näyttelevämme meille varattua osaa maailman näyttämöllä ilman, että meihin vaikuttaisivat sisäisesti ne menestymiset ja vastoinkäymiset ja ne rakkauden ja vihan tunteet, jotka tuohon rooliin kuuluvat.

Elämän suuri näytelmä

Maailmaa voidaan hyvin osuvasti verrata näyttämöön. Ohjaaja valitsee henkilöt auttamaan häntä näytelmän esittämisessä. Hän jakaa roolit eri ihmisille, ja kaikki toimivat yhdessä hänen ohjeidensa mukaan. Yhdestä hän tekee kuninkaan, toisesta ministerin, kolmannesta palvelijan, neljännestä sankarin ja niin edelleen. Joku joutuu ottamaan surullisen roolin, joku toinen iloisen.

Jos jokainen näyttelee roolinsa ohjaajan neuvojen mukaisesti, tulee näytelmästä koomisine, vakavine ja traagisine piirteineen menestys. Jopa pienillä sivurooleilla on korvaamaton merkityksensä näytelmässä.

Menestyksen salaisuus on, että jokainen osa näytellään täydellisesti. Kukin näyttelijä esittää rooliinsa kuuluvan surun tai ilon uskottavasti, mutta sisäisesti hänen roolihahmonsa ja sen tunteet – viha, rakkaus, halu, pahansuopuus, ylpeys tai nöyryys – eivät häntä kosketa.

Mutta jos näyttelijä roolia esittäessään samaistuisi johonkin tilanteeseen tai tunteeseen näytelmässä ja menettäisi oman minuutensa, häntä pidettäisiin vähintäänkin typeränä, kuten seuraava tarina havainnollistaa.

Kerran erään rikkaan miehen talossa esitettiin

Ramayanaa.[2] *Näytelmän kestäessä huomattiin, että mies, jonka piti esittää* Hanuman-apinaa, Raman[3] palvelijaa ja ystävää, oli kadonnut. Hämmentynyt ohjaaja nappasi paikalla olleen Nilkamal-nimisen ruman ja heikkoälyisen miehen ja yritti saada hänet esittämään Hanumania.

Nilkamal kieltäytyi, mutta hänet pakotettiin lavalle. Hänen rumuutensa nostatti melkoisen naurunremakan yleisössä, joka alkoi huvittuneena huutaa: "Hanuman! Hanuman!"

Sitä Nilkamalin oli vaikea kestää. Hän unohti, että kyseessä oli näytelmä, ja alkoi huutaa epätoivoisena: "Miksi herrat kutsuvat minua Hanumaniksi? Mitä te nauratte? En minä ole Hanuman. Ohjaaja pakotti minut lavalle."

Elämämme tässä monimutkaisessa maailmassa on vain näytelmää. Valitettavasti me samaistumme näytelmään ja tunnemme siksi inhoa, surua ja mielihyvää. Unohdamme Suuren Ohjaajan opastuksen ja käskyt. Eläessämme elämämme – näytellessämme roolejamme – pidämme todellisina surujamme ja ilojamme, rakkauksiamme ja vihan tunteitamme – toisin sanoen, me kiinnitymme tähän elämään ja annamme sen vaikuttaa itseemme.

Maailman näytelmällä ei ole alkua eikä loppua. Kaikkien tulisi näytellä Suuren Ohjaajan antamat osansa nurkumatta ja tehdä se näytelmän itsensä vuoksi: esittää surullista surullisissa rooleissa ja iloista iloisissa ilman sisäistä samaistumista näytelmään.

Ei myöskään pitäisi kadehtia keneltäkään toiselta hänen rooliaan. Jos maailman kaikki ihmiset esittäisivät

---

[2] Muinaisen, samannimisen sanskritinkielisen eepoksen dramatisointia. *(Julkaisijan huomautus)*

[3] *Ramayanan* pyhä päähenkilö. *(Julkaisijan huomautus)*

kuningasta, näytelmässä ei olisi mitään mieltä eikä se kiinnostaisi ketään.

Se joka on saavuttanut Autuus-tietoisuuden, *kokee* maailman näyttämöksi ja näyttelee osansa parhaansa mukaan muistaen Suurta Ohjaajaa, Jumalaa, tuntien Hänen suunnitelmansa ja ohjauksensa.

OSA 4

USKONNON NELJÄ
PERUSMENETELMÄÄ

Uskonnollisten menetelmien tarve

Olemme nähneet edellä osissa 1, 2 ja 3, että hengelli-sen Itsen samaistuminen kehoon ja mieleen on tuskamme, kärsimyksemme ja rajoittuneisuutemme perussyy ja että tuon samaistumisen takia koemme sellaisia kiihtymystiloja kuin tuska ja mielihyvä ja olemme lähes sokeita Autuudelle eli Jumala-tietoisuudelle. Olemme myös nähneet, että us-konnossa on olennaisinta tuskan välttäminen ja puhtaan Autuuden, eli Jumalan, saavuttaminen.

Aivan kuten auringon kuvajainen vääristyy liikkeessä olevan veden pinnalla, niin myös hengellisen Itsen – joka on Universaalin Hengen heijastuma – todellista, autuasta luon-toa ei voida tajuta silloin, kun kehon ja mielen muuttuviin tiloihin samaistuminen nostattaa meissä rauhattomuuden aaltoja. Kuten liikkuva vesi vääristää auringon todellisen kuvan, siten myös levoton mielentila vääristää samaistumi-sen takia sisäisen Itsen ikiautuaan luonnon.

Tämän luvun tarkoitus on käsitellä kaikille soveltu-via helpoimpia ja järkiperäisimpiä perusmenetelmiä, jotka vapauttavat alati autuaan hengellisen Itsen tuhoisasta kyt-köksestään ja samaistumisestaan katoavaiseen kehoon ja mieleen. Siten nuo menetelmät mahdollistavat pysyvästi tuskalta välttymisen ja Autuuden saavuttamisen, eli uskon-non harjoittamisen.

Tästä johtuen käsiteltävät perusmenetelmät ovat uskonnollisia ja sisältävät uskonnollista toimintaa, sillä vain niiden avulla on mahdollista irrottaa hengellinen Itse kehoon ja mieleen samaistumisesta, ja siten vapautua tuskasta ja saavuttaa pysyvä Autuus eli Jumala.

"Jumalan Poika" ja "Ihmisen Poika"

Kun Kristus puhui itsestään "Jumalan Poikana", hän tarkoitti sisimmässään asuvaa Universaalia Henkeä. Johanneksen evankeliumin jakeessa 10:36 Jeesus sanoo itsestään, että hänet "Isä on pyhittänyt ja lähettänyt maailmaan – – 'Minä olen Jumalan Poika'".

Toisissa yhteyksissä, käyttäessään ilmausta "Ihmisen Poika", hän tarkoitti fyysistä kehoaan, ihmisen jälkeläistä, toisen ihmisen kehosta syntynyttä lihaa. Esimerkiksi kohdassa Matt. 20:18–19 Jeesus sanoo opetuslapsilleen: "Katso, me menemme ylös Jerusalemiin, ja Ihmisen Poika annetaan ylipappien ja kirjanoppineitten käsiin, ja he – – antavat hänet pakanoille – – ristiinnaulittavaksi".

Jakeissa Joh. 3:5–6 Kristus sanoo: "jos joku ei synny vedestä (eli värähtelystä, joka on suunnaton kuin valtameri ja jonka lähde on *Aum* eli *Amen*, Pyhä Henki, luomakuntaa ylläpitävä Näkymätön Voima, Jumalan immanentti Luoja-aspekti) ja Hengestä, ei hän voi päästä sisälle Jumalan valtakuntaan. Mikä lihasta on syntynyt, on liha; ja mikä Hengestä on syntynyt, on Henki." Nämä sanat tarkoittavat, että ellemme kykene *ylittämään* kehoa ja oivaltamaan itseämme Henkenä, emme voi päästä sisään tuon Universaalin Hengen valtakuntaan eli kokea Universaalin Hengen tietoisuutta.

Sama ajatus löytyy hindujen pyhistä kirjoituksista: "Jos voit ylittää kehon ja kokea itsesi Henkenä, olet ikuisesti autuas ja vapaa kaikesta tuskasta."

On olemassa *neljä* universaalia uskonnollista perusmenetelmää, jotka riittävän pitkään päivittäin harjoitettuina vapauttavat hengellisen Itsen kehon ja mielen kahleista. Katson kaikkien niiden uskonnollisten harjoitusten, joita pyhimykset, viisaat oppineet tai Jumalan profeetat ovat määränneet suoritettaviksi, kuuluvan johonkin näistä neljästä luokasta.

Lahkolaisuuden alkuperä

Profeetat opettavat uskonnollisia käytäntöjä oppien muodossa. Rajallisen käsityskyvyn omaavat ihmiset eivät kykene näkemään oppien todellista merkitystä, vaan omaksuvat niiden ulkoisen puolen, joka aikaa myöden jäykistyy pelkiksi muodoiksi ja tavoiksi. Näin syntyy lahkolaisuus.

Työnteosta lepääminen sapattina tulkittiin väärin tarkoittamaan lepäämistä kaikesta työstä – myös uskonnollisesta. Näin käy, kun oppeja tulkitaan rajallisella käsityskyvyllä. Tulisi muistaa, että me emme ole sapattia vaan sapatti meitä varten; me emme ole sääntöjä vaan säännöt meitä varten – ne muuttuvat meidän muuttuessamme. Meidän tulee pitäytyä kunkin säännön henkeen, ei dogmaattisesti sen kirjaimeen.

Monen mielestä erot uskonnollisten yhteisöjen noudattamissa muodoissa ja tavoissa merkitsevät sitä, että ne edustavat eri uskontoja. Kaikkien profeettojen opetusten syvin merkitys on kuitenkin olennaisilta osiltaan sama. Useimmat ihmiset eivät ymmärrä tätä.

Myös terävä-älyisiä vaanii vaara: he yrittävät saavuttaa Korkeimman Totuuden pelkän älynsä varassa. Korkein Totuus on kuitenkin tunnettavissa vain sisäisenä oivalluksena, joka on jotain muuta kuin pelkkä ymmärtäminen. Emme mitenkään voisi käsittää sokerin makeutta pelkästään älyllisesti, maistamatta sitä. Vastaavasti uskonnollinen tieto pohjautuu oman sielumme syvimpiin kokemuksiin. Tämä unohtuu usein halutessamme oppia jotain Jumalasta, opinkappaleista ja moraalista. Harvoinpa yritämme tuntea nämä sisäisen uskonnollisen kokemuksen avulla.

On sääli, että älykkäät ihmiset, jotka käyttävät järkeään niin menestyksellisesti luonnontieteiden ja muun tietouden alalla, kuvittelevat pystyvänsä ymmärtämään älyllisesti myös korkeimmat uskonnolliset ja eettiset totuudet. On myös sääli, että heidän älynsä tai järkensä saattaa auttamisen sijasta jopa estää heitä käsittämästä Korkeinta Totuutta ainoalla mahdollisella tavalla – elämällä se todeksi.

Tarkastelkaamme nyt neljää uskonnollisen edistymisen menetelmää.

USKONNON NELJÄ PERUSMENETELMÄÄ

1. Älyllinen tie

Älyllinen menetelmä on useimmin käytetty luonnollinen menetelmä, mutta se ei tuota tulosta kovinkaan nopeasti.

Älyllinen kehitys ja edistys on luonteenomaista ja siten yhteistä kaikille älyllisille olennoille. Itsestään tietoinen ymmärryksemme erottaa meidät alemmista eläimistä, jotka ovat tietoisia mutta eivät itsetietoisia.

Kun katsomme evoluutiossa esiintyviä prosesseja ja kehitysasteita, huomaamme tietoisuuden vähitellen muuntuvan – sen kehittyessä eläimen tietoisuudesta ylöspäin – itsetietoisuudeksi. Tietoisuus yrittää asteittain vapautua ja saavuttaa itsetuntemuksen, jolloin se muuttuu itsetietoisuudeksi. Tämä muutos seuraa evolutiivisesta välttämättömyydestä, ja universaali tarve älyllisiin saavutuksiin johtuu tästä evoluution piirteestä. Hengellinen Itse, joka on samaistunut eriasteisiin ja erilaisiin kehollisiin ja henkisiin tiloihin, pyrkii luontaisesti ajan mittaan palaamaan itsensä kautta itseensä.

Tietoisen ajatusprosessin kehittäminen on yksi niistä menetelmistä, joita hengellinen Itse käyttää vapautuakseen kehon ja mielen kahleista. Hengellisen Itsen ponnistelu itseensä – menetettyyn alkutilaansa – palaamiseksi ajatusprosessia kehittämällä on luonnollista. Se on maailman perustavanlaatuinen prosessi.

Universaali Henki ilmentää itseään eri kehitysasteissa matalasta korkeaan. Kivissä ja maassa ei ole elämää tai tietoisuutta meidän ymmärtämässämme muodossa. Puut ovat vegetatiivisia: ne kasvavat. Ne elävät eräänlaista elämää mutta eivät täyttä, eikä niissä esiinny lainkaan tietoisia ajatusprosesseja. Eläimet sekä elävät että ovat tietoisia elämästä. Ihminen – korkein aste – elää ja on tietoinen siitä, ja hänellä on myös tietoisuus Itsestä (Itse-tietoisuus).

Niinpä ihmiselle on luontaista pyrkiä kehittymään ajattelemalla ja järkeilemällä, uppoutumalla kirjoihin, paneutumalla tutkimukseen ja ottamalla vaivalloisesti selkoa luonnonilmiöiden syistä ja seurauksista.

Mitä enemmän ihminen harjoittaa ajattelua, sitä selvemmin hänen voidaan sanoa käyttävän sitä "menetelmää", jonka tuloksena hänestä on maailman evoluution myötä tullut se, mitä hän on. (Kyse on siis menetelmästä, jonka avulla tietoisuus kehittyy Itse-tietoisuudeksi). Samalla hän tulee, tietoisesti tai tiedostamattaan, yhä lähemmäs Itseä – sillä *ajattelulla me nousemme kehon yläpuolelle.*

Tämän menetelmän määrätietoinen noudattaminen tuo varmoja tuloksia. Ajattelun harjoittaminen opiskelemalla ja

kartuttamalla jotain alaa koskevaa tietoa kehittää Itse-tie-
toisuutta jossain määrin, mutta se ei kuitenkaan ole niin
tehokasta kuin sellaisen ajatusprosessin harjoittaminen,
jonka yksinomaisena päämääränä on kehon ylittäminen ja
totuuden näkeminen.

Intiassa tämän älyllisen menetelmän korkeinta muotoa
kutsutaan *jñana*-joogaksi. Kyse on tosi viisauden saavutta-
misesta jatkuvan mieleen palauttamisen ja arvostelukyvyn
avulla, kuten esimerkiksi muistuttamalla itseään alituisesti:
"Minä en ole keho. Tämä luomakunta on vain ohimenevä
näytäntö, joka ei voi vaikuttaa minun Itseeni. Minä olen
Henkeä."

Yksi tämän menetelmän varjopuolista on, että sen
avulla hengellinen Itse oivaltaa itsensä vain *hitaasti*. Aikaa
saattaa kulua hyvinkin runsaasti. Alkaessaan saavuttaa It-
se-oivallusta hengellinen Itse on yhä koko ajan tekemisissä
sellaisten ohikiitävien ajatusten kanssa, joihin sillä ei ole
mitään todellista suhdetta.

Hengen tyyneys on ajattelun ja kehollisten tuntemusten
tuolla puolen, vaikka pitääkin paikkansa, että kun se kerran
on saavutettu, se virtaa myös ajatteluun ja kehollisiin tun-
temuksiin.

2. Antaumuksen tie

Tässä menetelmässä tavoitteena on keskittää huomio
yhteen ajattelun kohteeseen sen sijaan, että antaisimme sen
hajaantua erilaisiin ajatuksiin ja niiden kohteisiin (kuten
älyllisessä menetelmässä).

Tämän menetelmän alle kuuluvat kaikki palvonnan
muodot, kuten rukous (josta meidän tulisi eliminoida kaikki
maailmalliset ajatukset). Hengellisen Itsen tulisi keskittää

huomionsa herpaantumatta ja kunnioitusta tuntien valitse-
maansa kohteeseen, oli tämä sitten ajatus persoonallisesta
Jumalasta tai ei-persoonallisesta Kaikkiallisuudesta. Tär-
keintä on, että palvoja keskittyy yhteen antaumukselliseen
ajatukseen *todella tosissaan.*

Näin toimimalla hengellinen Itse vapautuu vähitellen
monien ajatusten aiheuttamasta häiriöstä – joka on toinen
häiriöiden luokka – ja saa aikaa ja mahdollisuuden ajatella
itseään itsessään. Kun rukoilemme tosissamme, unoh-
damme kehon tuntemukset ja ajamme pois kaikki tunkeile-
vat ajatukset, jotka yrittävät saada huomiomme.

Mitä syvempi rukouksemme on, sitä intensiivisempää
tyydytystä tunnemme, ja tämän avulla arvioimme, miten
lähelle olemme päässeet Autuutta eli Jumalaa. Sitä mukaa
kuin kehon tuntemukset laantuvat ja saamme vaeltavat
ajatukset kuriin, tämän menetelmän paremmuus edelliseen
nähden tulee ilmeiseksi.

Tässäkin menetelmässä on kuitenkin puutteita ja vai-
keuksia. Koska hengellinen Itse on ollut pitkään takertuneena
kehoon ja sen orjana – syvään juurtuneen pahan tapansa mu-
kaisesti – sen pyrkimykset kääntää huomio pois kehollisista
ja mentaalisista asioista ovat usein tuloksettomia.

Vaikka haluaisimmekin rukoilla tai syventyä johonkin
muuhun palvonnan muotoon koko sydämellämme, mie-
lemme täyttyy armottomasti sisään tunkevista kehollisista
tuntemuksista ja muistin herättämistä ajatuksista. Rukoil-
lessamme keskitymme sitten usein rukoukselle suosiollisten
olosuhteiden miettimiseen tai kehoamme häiritsevien teki-
jöiden poistamiseen.

Kaikista tietoisista pyrkimyksistämme huolimatta paha
tapamme, josta on tullut toinen luontomme, hallitsee meitä
vastoin Itsen tahtoa. Keskittymisen halustamme huolimatta

mielemme tulee levottomaksi, ja – Raamattua mukaillen – "missä sinun mielesi on, siellä on myös sinun sydämesi." Meitä kehotetaan rukoilemaan Jumalaa kaikesta sydämestämme. Mutta sen sijaan rukoillessamme mielemme ja sydämemme ovat yleensä harhailevien ajatustemme sekä aistimustemme armoilla.

3. Meditaation tie

Tämä ja seuraava menetelmä ovat puhtaasti tieteellisiä, ja niihin liittyy käytännön harjoituksia. Suuret viisaat, jotka ovat omassa elämässään oivaltaneet totuuden, ovat kehottaneet seuraajiaan harjoittamaan niitä. Itsekin opin ne yhdeltä heistä.

Näissä menetelmissä ei ole mitään mysteeriä eikä mitään pelättävää; ne ovat helppoja, kun niihin on tutustunut. Niiden harjoittaminen osoittaa ne universaalisti tosiksi. Paras todiste niiden pätevyydestä ja hyödystä on omasta harjoituksesta saatu kokemuksellinen tieto.

Kokemalla säännöllisesti meditaatioon liittyvät prosessit, kunnes niistä tulee tapa, voimme saattaa itsemme "tietoisen unen" tilaan. Tunnemme tuon rauhallisen ja miellyttävän tyyneyden tavallisesti lähestyessämme tajuttomuutta ollessamme juuri vaipumassa syvään uneen tai ollessamme havahtumassa siitä ja lähestyessämme tietoisuutta.

Tietoisen unen tilassa vapaudumme kaikista ajatuksista ja ulkoisista kehon tuntemuksista, ja Itsemme saa tilaisuuden ajatella itseään – ja se pääsee ajoittain autuaalliseen tilaan riippuen meditaation syvyydestä ja sen harjoittamisen toistuvuudesta.

Tuossa tilassa unohtuvat kaikki keholliset ja mentaaliset häiriötekijät, jotka haittaavat Itsen keskittymistä, ja vapaudumme niistä hetkellisesti. Meditaatiossa tahdonalaisen hermoston rauhoittuminen tyynnyttää myös aistimme, aivan kuten unessa.

Tämä tila on todellisen meditaation ensimmäinen, ei suinkaan lopullinen tila. Tietoisessa unessa opimme hallitsemaan vain aistejamme, mikä eroaa tavanomaisesta unesta ainoastaan sikäli, että jälkimmäisessä aistien rauhoittuminen on automaattista, meditaatiossa tahdonalaista.

Tässä alkuvaiheen meditaatiotilassa hengellinen Itse on kuitenkin yhä altis häiriöille. Ne aiheutuvat tahdosta riippumattomista elimistä, kuten keuhkoista, sydämestä ja muista kehon osista, joiden erheellisesti luulemme olevan hallintamme ulottumattomissa. [1]

Meidän on etsittävä parempaa menetelmää, sillä niin kauan kuin hengellinen Itse ei kykene halutessaan sulkemaan pois kaikkia kehollisia tuntemuksia – myös sisäisiä, joista niistäkin aiheutuu ajatuksia – vaan pysyy alttiina näille häiriöille, sillä ei ole toivoa kyvystä, ajasta tai mahdollisuudesta itsensä tuntemiseen.

4. Tieteellinen tie: jooga

Paavali sanoi: *"Minä kuolen joka päivä."* [2] Tällä hän tarkoitti, että hän tunsi tavan hallita sisäelimiä ja kykeni tietoisesti vapauttamaan hengellisen Itsensä kehosta ja mielestä – kokemus, joka on tavallisille harjaantumattomille ihmisille mahdollinen vain varsinaisessa kuolemassa hengellisen

[1] Harvat oppivat suurten pyhimysten ja tietäjien tapaan lepuuttamaan näitä sisäelimiä. Koska luulemme niiden olevan hallitsemattomissa, ne tekevät liikaa työtä ja pysähtyvät sitten äkisti, mitä pysähtymistä kutsumme "kuolemaksi" tai "suureksi uneksi".

[2] 1. Kor. 15:31. (Jakeen suomennos vastaa Paramahansa Yoganandan käyttämää King James -raamatunkäännöstä. *Suomentajan huomautus*)

Itsen irtautuessa loppuun kuluneesta kehosta.

Tieteellisen menetelmän[3] käytännönläheinen ja säännöllinen harjoittaminen mahdollistaa kuitenkin Itsen tuntemisen kehosta erillisenä *ilman kuolemaa*.

Selitän tässä ainoastaan prosessin yleisen idean sekä sen toden tieteellisen teorian, johon se perustuu. Kuvaukseni pohjautuu omakohtaiseen kokemukseen. Voin sanoa, että menetelmän harjoittaminen osoittaa sen universaalisti päteväksi. Voin myös luotettavasti sanoa, että tätä menetelmää harjoitettaessa tunnetaan voimakasta Autuutta, joka on, kuten edellä totesin, perimmäinen päämäärämme. Tuo harjoittaminen itsessään on hyvin autuaallista – ja uskallan sanoa sen olevan vielä paljon autuaallisempaa kuin suurinkaan viiden aistimme taikka mielemme tarjoama nautinto voi koskaan olla.

En tahdo tarjota kenellekään menetelmän pätevyydestä mitään muuta todistetta kuin minkä hänen oma kokemuksensa antaa. Mitä kärsivällisemmin ja säännöllisemmin sitä harjoitetaan, sitä intensiivisempään ja kestävämpään Autuuden kokemiseen se johtaa.

Huonojen tottumustemme vuoksi tietoisuus kehollisesta olemassaolosta kaikkine muistoineen herää joskus taistelemaan kokemaamme rauhaa vastaan. Mutta voidaan taata, että tekniikkaa säännöllisesti ja pitkään harjoittava saavuttaa lopulta ylitietoisen Autuuden tilan.

Meidän ei kuitenkaan pitäisi olla liian nokkelia ja yrittää kuvitella etukäteen, mihin tuloksiin prosessi saattaa

---

[3] Se tieteellinen menetelmä, johon tässä ja tästä eteenpäin viitataan, on *kriya*-jooga, muinainen hengellinen tekniikka, joka pitää sisällään tiettyjä joogameditaatioharjoituksia, jotka Paramahansa Yogananda selittää *Self-Realization Fellowshipin opetuskirjeissä*. (*Julkaisijan huomautus*)

johtaa ja sitten lopettaa menetelmän harjoittaminen lyhyen kokeilun jälkeen. Todellinen edistyminen edellyttää seuraavia tekijöitä: Ensinnä, opiskeltavalle asialle on omistettava rakkaudellista huomiota. Toiseksi, on haluttava oppia ja on vaalittava aitoa tiedonhalua. Kolmanneksi, on oltava peräänantamaton, kunnes haluttu tavoite on saavutettu.

Jos jäämme puolitiehen ja hylkäämme harjoituksen lyhyen kokeilun jälkeen, tavoite jää saavuttamatta. Se joka on noviisi hengellisissä harjoituksissa mutta yrittää toimia asiantuntijoiden (kaikkien aikakausien mestareiden ja profeettojen) kokemuksen tuomarina, on kuin lapsi, joka yrittää kuvitella, millaisia ovat akateemiset jatko-opinnot.

On todella sääli, että ihmiset uhraavat parhaat voimansa ja aikansa sen turvaamiseen, mitä he tarvitsevat fyysiseen olemassaoloon, tai peitsen taittamiseen teoreettisista kysymyksistä, mutta vain harvoin pitävät totuuksien oivaltamista ja kärsivällistä kokemista vaivan arvoisena, vaikka nämä eivät ainoastaan virvoita elämää vaan antavat sille merkityksen. He ponnistelevat enemmän väärien kuin oikeiden tavoitteiden saavuttamiseksi.

Olen itse harjoittanut yllä mainittua menetelmää jo vuosia, ja mitä enemmän teen sitä, sitä enemmän tunnen pysyvän, vakaan Autuuden tilan tuomaa iloa.

Olisi hyvä muistaa, että hengellinen Itsemme on ollut kehoon sidottuna ties kuinka kauan. Sitä ei vapauteta päivässä, eikä menetelmän lyhyt tai huolimaton harjoittaminen johda korkeimpaan Autuuteen tai anna kykyä hallita sisäelimiä. Tämä saattaa vaatia kärsivällistä harjoittamista hyvin pitkän ajan.

Voidaan kuitenkin taata, että tämän menetelmän noudattaminen tuo lopulta puhtaan Autuus-tietoisuuden suoman suuren ilon. Mitä enemmän harjoitamme sitä, sen nopeammin saavutamme Autuuden. Toivon, että Autuuden etsijöinä – joita kaikki olemme – yrittäisitte itse kokea sen universaalin totuuden, joka on meissä kaikissa ja jonka me kaikki voimme tuntea. Se tila ei ole kenenkään keksintöä. Se on koko ajan olemassa; meidän on vain löydettävä se.

Ennen kuin olet koetellut tätä totuutta, älä suhtaudu välinpitämättömästi siihen, mitä kirjoitan. Olet ehkä jo väsynyt kuulemaan erilaisista teorioista, joista yksikään ei ole tähän mennessä suoranaisesti muuttanut elämääsi. Mutta se mitä sanon, ei ole mikään teoria vaan koettua totuutta. Yritän välittää sinulle käsityksen siitä, mitä todella voidaan kokea.

Minulla oli suuri onni saada oppia tämä pyhä, tieteellinen totuus suurelta intialaiselta pyhimykseltä[4] useita vuosia sitten. Saatatte kysyä, miksi kannustan teitä, miksi kiinnitän huomionne näihin seikkoihin. Onko kyse jostain omasta edustani? Tähän vastaan myöntävästi. Haluan antaa teille tämän totuuden saadakseni vastalahjaksi sen puhtaan ilon, että olen auttanut teitä löytämään oman ilonne tuon totuuden harjoittamisen ja oivaltamisen kautta.

Tieteellisen menetelmän fysiologinen perusta

Seuraavaksi on tarpeen käsitellä hieman fysiologiaa, mikä auttaa meitä ymmärtämään menetelmää ainakin yleisellä tasolla. Tarkastelen tärkeimpien energiakeskusten toimintaa sekä sitä sähkövirtaa, joka kulkee aivoista näiden keskusten kautta niin ulkoisiin (aistin)elimiin kuin sisäelimiinkin ja joka saa ne värähtelemään elämänvoimasta.

Selkärangassa on kuusi keskusta, joiden kautta *prana*

---

[4] Swami Sri Yukteswarilta, Paramahansa Yoganandan gurulta. (*Julkaisijan huomautus*)

Paramahansa Yogananda New Yorkissa vuonna 1926.

Kuva vuodelta 1925 eräästä ensimmäisistä kokoontumisista, joita Paramahansa Yogananda järjesti SRF:n kansainvälisessä päämajassa Los Angelesissa.

Self-Realization Fellowshipin kansainvälinen päämaja vuonna 1982.

(elämänenergia)[5] virtaa läpi koko hermoston. Ne ovat:

1. *Medulla*-keskus
2. Kurkkukeskus
3. Sydänkeskus
4. Napakeskus
5. Ristiluukeskus
6. Häntäluukeskus

Aivot muodostavat korkeimman sähkövoimalan (ylimmän keskuksen). Kaikki keskukset kytkeytyvät toisiinsa ja toimivat ylimmän keskuksen (aivosolujen) alaisina. Sähköinen elämänvoima lähtee aivosoluista ja etenee keskusten kautta, jotka jakelevat sen edelleen efferentteihin ja afferentteihin hermoihin; edelliset kuljettavat liike- ja jälkimmäiset aisti-impulsseja (kuten tunto- ja näköaistimuksia).

Tämä aivoista tuleva sähköinen virtaus tekee kehon (sen sisäiset ja ulkoiset elimet) eläväksi, ja sen avulla myös kaikki aistien raportit saavuttavat aivot ja herättävät ajatusreaktioita.

Jos Itse haluaa tehokkaasti lopettaa tuon häiritsevän raportoinnin (joka myös aiheuttaa ajatuksia), sen täytyy hallita ja keskittää sähköinen virta ja vetää se kokonaan pois hermostosta seitsemään tärkeimpään keskukseen (mukaan lukien aivot); näin se voi antaa elimistölle täydellisen levon.

Unessa aivojen ja aistinelinten välinen sähköinen virta estyy osittain, niin että tavanomaiset ääni-, kosketus- ja muut aistimukset eivät pääse aivoihin. Koska tämä estyminen ei kuitenkaan ole täydellistä, riittävän voimakas ärsyke kykenee kumoamaan sen: aistimus raportoidaan aivoille ja

---

[5] Kyseessä on älykäs, atomitasoa hienompi energia (*prana* eli elämänvoima), joka aktivoi ja ylläpitää elämää kehossa. (*Julkaisijan huomautus*)

nukkuja herää. Mutta unessakin vallitsee aina tasainen säh-
köinen virta sisäelimiin – sydämeen, keuhkoihin ja muihin
elimiin – niin että ne jatkavat työtään.

Tieteellisen menetelmän harjoittaminen johtaa vapautumiseen fyysisistä ja mentaalisista häiriöistä

Koska elämänvoiman hallinta ei unen aikana ole ehdo-
tonta, kehollisesta epämukavuudesta, sairaudesta tai voimak-
kaista ulkoisista ärsykkeistä johtuvat aistimukset aiheuttavat
siihen häiriöitä. On kuitenkin mahdollista hallita täydellisesti
ja yhtäaikaisesti sekä aistit että sisäelimet käyttämällä tieteel-
listä hallinnan menetelmää, jota ei tässä voida yksityiskohtai-
sesti kuvata. Tuo täydellinen hallinta on seuraus harjoituk-
sesta. Sen saavuttaminen voi kestää monia vuosia.

Samoin kuin aistinelimet virkistyvät unesta (joka on
lepoa), myös sisäelimet virkistyvät suuresti siitä levosta,
joka seuraa tämän tieteellisen menetelmän harjoittamisesta.
Ja koska niiden elinvoimaisuus kasvaa, ihminen myös elää
pitempään.

Emme pelkää nukkumista, vaikka aistit ovat sen aikana
tilapäisessä toimimattomuuden tilassa. Niinpä ei ole syytä
pelätä myöskään tietoisen kuoleman harjoittamista, toisin
sanoen sisäelinten lepuuttamista, joka saattaa kuoleman
omaan hallintaamme. Sitten kun toteamme kehollisen asu-
muksemme huonoksi ja rikkinäiseksi, voimme jättää sen
omasta tahdostamme. "Vihollisista viimeisenä kukistetaan
kuolema."[6]

Prosessia voidaan havainnollistaa seuraavasti: Jos kau-
pungin puhelinkeskus on yhdistetty kiintein kaapelein eri

[6] 1. Kor. 15:26.

kaupunginosiin, noista kaupunginosista voidaan kommunikoida keskuksen kanssa kaapeleissa kulkevan sähkövirran avulla keskuksen henkilökunnan tahdon vastaisestikin. Jos keskus haluaa katkaista tuon kommunikaation, se voi kytkeä keskuksen irti, jolloin virta sen ja kaupunginosien välillä lakkaa kulkemasta.

Vastaavasti nyt käsiteltävänä olevan tieteellisen menetelmän avulla voimme oppia vetämään läpi kehon eri elimiin ja muihin osiin jakautuneen virran omaan *keskukseemme* – eli selkärankaan ja aivoihin. Prosessi perustuu selkäytimen ja aivojen magnetoimiseen: selkäydin ja aivot sisältävät seitsemän tärkeintä keskusta, ja magnetisoiminen vetää kehoon jakautuneen elämänvoiman puoleensa, takaisin niihin alkuperäisiin keskuksiin, joista se virtasi ulos. Tämä elämänvoiman vetäytyminen takaisin koetaan valona. Tässä tilassa hengellinen Itse voi tietoisesti vapauttaa itsensä kehollisista ja mentaalisista häiriötekijöistä.

Kuvakieltä käyttäen hengellistä Itseä häiritsevät puhelinsoitoillaan vastoin sen tahtoa kahdenlaiset ihmiset, yläluokkaiset (ajatukset) ja alaluokkaiset (keholliset aistimukset). Jos Itse haluaa eroon niiden yhteydenotoista, sen tarvitsee vain katkaista talonsa puhelinkaapeleista virta kääntämällä katkaisijaa (harjoittamalla neljättä menetelmäämme), ja niin se saa rauhan.

Huomio ohjaa energian liikkeitä. Huomio on se tekijä, joka saa sähköisen elämänvoiman virtaamaan aivoista aisti- ja liikehermoihin. Esimerkki: ajamme pois häiritsevän kärpäsen siirtämällä huomiomme avulla sähkövirtaa liikehermoon tuottaen näin halutun kädenliikkeen. Tällä esimerkillä tahdon valaista sitä voimaa, jolla energiavirtaa pystytään hallitsemaan ja vetämään se takaisin seitsemään keskukseen.

Näistä seitsemästä tähtimäisestä (astraalisesta), aivoissa

ja selkäytimessä sijaitsevasta keskuksesta puhutaan Raamatun Ilmestyskirjassa. Johannes avasi seitsemän keskuksen salatut ovet ja kohosi todelliseen ymmärrykseen itsestään Henkenä. "Kirjoita siis, mitä olet nähnyt – – Niiden seitsemän tähden salaisuus".[7]

Kärsivällinen tieteellisen menetelmän harjoittaminen johtaa Autuus-tietoisuuteen eli Jumalaan

Lopuksi haluan kuvata, millaisiin tiloihin elämänvoiman *täydellinen* hallinta johtaa. Aluksi selkäytimen magnetointi tuottaa mitä miellyttävimmän tuntemuksen, mutta pitkään jatkunut harjoitus saa aikaan tietoisen Autuuden tilan; tämä laannuttaa kiihtymyksen, joka aiheutuu kehoon samaistumisesta.

Tuo autuas tila kuvattiin edellä universaaliksi päämääräksemme ja korkeimmaksi tarpeeksemme, koska siinä ollessamme olemme todella tietoisia Jumalasta eli Autuudesta ja tunnemme tosi itsemme laajenevan. Mitä useammin koemme tämän, sitä enemmän ahdas yksilöllisyytemme putoaa pois, ja sitä pikemmin saavutamme universaalisuuden tilan ja sitä läheisempi ja suorempi on yhteytemme Jumalaan.

Uskonto ei perimmältään ole muuta kuin yksilöllisyytemme sulautuminen universaalisuuteen. Niinpä tuossa autuaassa tietoisuudentilassa kapuamme uskonnon tikapuita. Jätämme taaksemme aistien haitallisen piirin ja harhailevat ajatukset ja saavumme taivaallisen Autuuden valtakuntaan.

Tässä prosessissa opimme sen, mikä tullaan toteamaan

---

[7] Ilm. 1:19, 20.

universaalisti paikkansa pitäväksi: kun kärsivällisen harjoittamisen avulla tuosta hengellisen Itsemme autuaasta tilasta tulee todellinen, elämme alati meissä olevan autuaan Jumalan pyhässä läsnäolossa. Suoritamme tehtävämme entistä paremmin kiinnittäen huomiomme niihin ja jättäen egoismimme ja tehtävistä aiheutuvan mielihyvän ja -pahan syrjään. Silloin kykenemme ratkaisemaan olemassaolon mysteerin, ja elämämme saa todellisen merkityksen.

Kaikkien uskontojen opetuksissa – oli kyse sitten kristinuskosta, islamista tai hindulaisuudesta – painotetaan samaa totuutta: Niin kauan kuin ihminen ei tunne itseään Henkenä, Autuuden lähteenä, häntä rajoittaa maallinen ymmärrys ja hän pysyy luonnon heltymättömien lakien alaisena. Oman todellisen olemuksensa oivaltaminen tuo hänelle ikuisen vapauden.

Voimme tuntea Jumalan vain tuntemalla itsemme, sillä tosi luontomme on samanlainen kuin Hänen. Ihminen on luotu Jumalan kuvaksi. Opettelemalla tässä kirjassa käsitellyt menetelmät ja harjoittamalla niitä tosissasi tulet tuntemaan itsesi autuaana henkenä ja löydät Jumalan.

Esittelemäni menetelmät kattavat kaikki kuviteltavissa olevat olennaiset keinot Jumalan löytämiseksi. Olen jättänyt pois lukemattomia uskonnollisia sääntöjä ja vähäisempiä harjoituksia, joita niin sanotut eri uskonnot opettavat. Jotkut noista säännöistä ja harjoituksista liittyvät yksilöiden erilaisiin mielenlaatuihin – siksi ne ovat vähemmän tärkeitä vaikka eivät toki tarpeettomia – ja jotkut niistä tulevat puheeksi sitten, kun näitä menetelmiä aletaan harjoittaa, eikä niitä siten ole tarpeen käsitellä nyt käytettävissä olevassa rajoitetussa tilassa.

Tieteellinen menetelmä operoi suoraan elämänvoimalla

Tämän menetelmän ylivertaisuus toisiin nähden johtuu siitä, että siinä työskennellään sen nimenomaisen tekijän kanssa, joka meidät sitoo ahtaaseen yksilöllisyyteemme: *elämänvoiman*. Sen sijaan, että virtaisi takaisinpäin ja imeytyisi Itsen itsestään tietoiseen, tietoisuutta laajentavaan voimaan, elämänvoima virtaa yleensä ulospäin, jolloin se pitää kehon ja mielen alituisessa liikkeessä ja häiritsee hengellistä Itseä kehollisten tuntemusten ja harhailevien ajatusten muodossa.

Elämänvoiman ulospäin suuntautuva, häiritsevä liike vääristää Itsen eli Sielun tyynen kuvan. Tämän menetelmän avulla voimme kääntää elämänvoiman kulun sisäänpäin. Menetelmä on siis *suora* ja *välitön*. Se tekee meidät suoraan tietoisiksi Itsestä, Autuus–Jumalasta. Minkään välittäjän apua ei tarvita.

Tieteellisessä menetelmässä elämänvoiman virtausta hallitaan ja ohjataan tunnetun ja siihen itseensä suoraan liittyvän ilmiön avulla. Muissa menetelmissä käytetään apuna ihmisen älyä tai ajatusprosessia elämänvoiman hallitsemiseen, jotta koettaisiin Itse autuaallisuutena ja muissa aspekteissaan.

On syytä huomata, että kaikissa hengellisissä harjoituksissa on suoraan tai epäsuorasti – sanottiin se avoimesti tai ei – kyse elämänvoiman hallinnasta, säätelystä ja sisäänpäin kääntämisestä, niin että voimme ylittää kehon ja mielen ja tulla tuntemaan Itsen sen luontaisessa tilassa. Neljännessä menetelmässä hallitaan elämänvoimaa suoraan elämänvoiman avulla, kun taas muissa se tehdään epäsuorasti käyttäen apuna jotakin muuta – ajatuksia, rukousta, hyviä tekoja, palvontamenoja tai "tietoista unta".

Elämän läsnäolo ihmisessä merkitsee olemassaoloa, sen poissaolo kuolemaa. Siksi täytyy olla niin, että menetelmä, jossa elämän omaa voimaa hallitaan sillä itsellään, on paras kaikista.

Eri aikojen ja maiden tietäjät ovat opettaneet kansalle, jonka keskuudessa he ovat eläneet ja saarnanneet, tuon kansan mielenlaatuun ja olosuhteisiin soveltuvia menetelmiä. Jotkut ovat painottaneet rukousta, jotkut tunnetta, jotkut hyviä tekoja, jotkut rakkautta, jotkut järkeä tai ajattelua, jotkut meditaatiota. Mutta kaikilla on ollut sama syy.

He kaikki katsoivat, että ihmisten tulisi ylittää kehoon samaistuminen kääntämällä elämänvoima sisäänpäin ja että heidän tulisi oivaltaa Itse, kuten auringon kuvajainen ilmestyy tyyntyvän veden pinnalle. He ovat halunneet teroittaa juuri sitä, mitä neljäs menetelmä opettaa suoraan ja välittömästi.

On syytä huomata vielä sekin, että tämän menetelmän harjoittaminen ei estä ketään vaalimasta älyään, kehittämästä fyysisiä ominaisuuksiaan eikä viettämästä sosiaalisesti aktiivista ja hyödyllistä elämää – elämää, jota leimaavat parhaat tunteet ja motiivit ja joka omistetaan muiden palvelemiselle. Itse asiassa kaikkien tulisikin kehittää itseään *kaikin tavoin*. Se edesauttaa tärkeällä tavalla tämän menetelmän harjoittamista, ei todellakaan jarruta sitä; ainoa vaatimus on, että menetelmän näkökulma pidetään mielessä. Silloin kaikki toiminta ja kaikki pyrkiminen tapahtuu yksilön hyödyksi.

Pääasia tässä prosessissa on elämänvoiman mysteerin perusteellinen ymmärtäminen, voiman, joka ylläpitää ihmiselimistöä ja saa sen värähtelemään elämää ja energiaa.

OSA 5

TIEDON INSTRUMENTIT JA USKONNOLLISTEN MENETELMIEN TEOREETTINEN PÄTEVYYS

Edellä on käsitelty uskonnollista ideaalia, päämäärää (ikuisesti olemassa olevaa, ikuisesti tietoista Autuus–Jumalaa), ja sen saavuttamisen käytännön menetelmiä. Tässä viimeisessä luvussa aiheena on noiden menetelmien pätevyys.

Käsitellyt menetelmät ovat nimenomaan käytännöllisiä, ja jos niitä harjoitetaan, päämäärä saavutetaan riippumatta teoreettisista näkökohdista. Niiden kelpoisuuden osoittaa itse käytännön lopputulos, joka on kouriintuntuva ja todellinen.

Huomattakoon siis, että kelpoisuuden teoreettisia perusteita ei itse asiassa tarvitse osoittaa. Seuraavassa käsittelemme kuitenkin niiden tietoa koskevien teorioiden pätevyyttä, jotka ovat menetelmien taustalla. Näin tahdomme kertoa lukijalle, että menetelmien pätevyyttä on mahdollista todistella myös teoreettisesti.

Johdumme tiedon luonnetta koskevaan kysymykseen: Miten ja kuinka suuressa määrin voimme tuntea ideaalin, totuuden? Osoittaaksemme, miten tuo ideaali on mahdollista tuntea, meidän on analysoitava, miten ja minkä prosessin kautta tunnemme maailman. Siten pääsemme selville siitä, onko maailman tuntemisen prosessi sama kuin ideaalin tuntemisen prosessi, samoin siitä, onko maailma erillään ideaalista vai onko maailma ideaalin läpäisemä eroten siitä vain tiedon saavuttamisen prosessin osalta.

Mutta tarkastelkaamme ensin tiedon "instrumentteja" – tapoja, joilla maailman tunteminen on meille mahdollista. Niitä on kolme: havainto, päättely ja intuitio.

TIEDON KOLME INSTRUMENTTIA

1. Havainto

Aistimme ovat ikään kuin ikkunoita, joiden kautta ulkoiset ärsykkeet saavuttavat mielemme; mieli sitten vastaanottaa passiivisesti nuo vaikutelmat. Mutta jos mieli ei ole toiminnassa, aisti-ikkunoiden kautta saapuvat ulkoiset ärsykkeet eivät voi vaikuttaa siihen.

Mieli ei pelkästään vastaa yhteyksistä ärsykkeisiin, jotka se vastaanottaa aistien kautta, vaan se myös varastoi niiden vaikutukset. Nämä ovat kuitenkin sekavaa ja kaoottista massaa niin kauan kuin ymmärryksemme (*buddhi*) ei ole työstänyt niitä. Se järjestää ne, ja ulkomaailman yksityiskohdat tunnistetaan siksi mitä ne ovat. Ne ikään kuin käsitellään, jolloin niiden ajalliset ja avaruudelliset ominaisuudet sekä yhteydet muihin asioihin tunnistetaan: määrä, laatu, mitat, merkitys. Siten talo nähdään talona eikä pylväänä. Tämä on tulosta ymmärryksen (*buddhi*) toiminnasta.

Kun näemme jonkin esineen, kun tunnemme sen ja kuulemme äänen sitä koputettaessa, mielemme vastaanottaa nämä aistimukset ja varastoi ne. *Buddhi* tulkitsee ja "käsittelee" ne ajassa ja paikassa taloksi eri piirteineen – koko, muoto, väri, tyyli sekä suhde muihin taloihin menneisyydessä, nykyhetkessä ja tulevaisuudessa. Täten tieto maailmasta syntyy meissä.

Mielenvikaisella henkilöllä on aistivaikutelmia varastoituna mieleensä, mutta ne ovat kaoottisessa tilassa, eivät ymmärryksen täsmällisiin kategorioihin järjestäminä.

Nyt herää kysymys: onko mahdollista tuntea Todellisuus (ideaali, ikuisesti tietoinen, ikuisesti olemassa oleva Autuus–Jumala) tämän kaltaisella havainnoinnilla? Onko tämän maailman (aistien kautta) tuntemisen prosessi pätevä myös korkeimman totuuden tuntemiseen?

Tiedämme, että ymmärrys pystyy työstämään vain aistien sille toimittamaa materiaalia. On selvää, että aistit tuottavat meille ärsykkeitä vain ominaisuuksista ja moneudesta. Eivätkä ainoastaan aistit toimi moneuden piirissä, vaan ymmärrys itsekin käsittelee nimenomaan moneutta, ja sen alueella se joutuu pysyttelemään. Vaikka se pystyy ajattelemaan "ykseyttä moneudessa" se ei voi olla yhtä sen kanssa. Tämä on sen puute. Havaintoja käsittelevä ymmärrys ei kykene oikeasti käsittämään tämän maailman moninaisten ilmiöiden takana olevan Universaalin Substanssin todellista luonnetta.

Tämä on järjen itsensä julistama tuomio. Kun *buddhi* kääntyy itsensä puoleen nähdäkseen, missä määrin se kykenee tuntemaan Todellisuuden aistihavaintoja tulkitsemalla, se huomaa olevansa toivottomasti aistimaailman rajoittama. Ei ole olemassa mitään tähystysaukkoa, josta se pystyisi kurkistamaan yliaistilliseen maailmaan.

Jotkut ehkä väittävät: vain koska olemme erottaneet aistimaailman yliaistillisesta niin jyrkästi, järki ei voi uskoa mahdollisuuteensa saada jotain tietoa yliaistillisesta. Heidän argumenttinsa jatkuu: jos ajattelemme yliaistillisen ilmenevän aistimaailmassa ja sen kautta ja jos tunnemme ymmärryksemme avulla aistimaailman kaikkine yksityiskohtineen, moninaisuuksineen ja tarkoitusperäisine yhteyksineen, meillä on samalla tietoa yliaistillisesta, sellaisena kuin se ilmenee "ykseytenä moninaisuudessa".

Mutta voidaan kysyä: mikä on tällaisen "tietämisen" luonne? Onko kyseessä vain idea aivoissamme, vai onko se totuuden (ykseys moneudessa) suoraa ja välitöntä *näkemistä* kasvoista kasvoihin? Onko tällainen tieto yhtä vakuuttavaa kuin jos kokisimme ykseyden totuuden kanssa? Ei varmastikaan, sillä tämä tieto on vain osittaista, se on puutteellista, se on pelkkää värillisen lasin läpi katselua. Yliaistillinen maailma on sen tuolla puolen. Nämä *aprioriset* argumentit puhuvat sitä vastaan, että olisi mahdollista käyttää aistihavaintoja Todellisuutta eli Jumalaa koskevan tiedon instrumenttina.

Hiljentymiskokemuksen perusteella tiedämme myös, että emme voi saavuttaa sitä autuasta tilaa, joka (kuten aiemmissa luvuissa on osoitettu) on Todellisuus ja ideaali itse, ennen kuin nousemme huomattavassa määrin levottoman, aisteihin suuntautuvan tilan yläpuolelle. Mitä täydellisemmin kykenemme jättämään taaksemme häiritsevät aistimukset ja ajatukset, sitä suuremmalla todennäköisyydellä meille sarastaa tuo ylevä Autuuden tila, Autuus–Jumala.

Yleisen kokemuksen valossa tavallinen aistihavainnointi ja Autuus näyttävät toisensa pois sulkevilta ilmiöiltä. Koska kuitenkaan mikään menetelmistämme ei perustu puhtaalle aistihavainnoinnille, tämän instrumentin kyvyttömyydellä saavuttaa tietoa Todellisuudesta ei ole merkitystä.

2. Päättely

Päättely on toinen tapa saavuttaa tietoa maailmasta. Mutta päättely itsessään perustuu kokemukseen – havaintoon – olipa se deduktiivista tai induktiivista. Kokemuksemme mukaan ei ole savua ilman tulta, ja niinpä nähdessämme savua päättelemme, että jossain on tuli. Tämä on deduktiivista päättelyä. Mutta sen mahdollistaa ainoastaan aiempi kokemuksemme (havainto), että savu ja tuli liittyvät toisiinsa. Induktiivinenkin päättely perustuu havaintoon. Olemme havainneet, että koleran aiheuttaa tietty bakteeri. Olemme saaneet selville syy-yhteyden tuon bakteerin ja koleran välillä ja päättelemme, että missä tapaamme bakteeria, siellä ilmenee myös koleraa. Vaikka tässä hypätään ilmenneistä koleratapauksista vielä ilmenemättömiin, ei päätelmämme silti tuo uutta tietoa, vaikka tapaukset ovatkin uusia. Sillä se, että ylipäänsä kykenimme löytämään syy-yhteyden bakteerin ja koleran välille, oli riippuvainen yksittäisten tapausten havainnoinnista.

Toisin sanoen päättely riippuu viime kädessä havainnoista. Ennustaessamme uusia tapauksia emme tuota mitään uutta totuutta, jota ei olisi ollut jo havainnoiduissa tapauksissa. Niissä tauti seuraa bakteeria, ja samoin ennustetuissa tapauksissa tauti seuraa bakteeria – ei mitään uutta totuutta huolimatta siitä, että tapaukset ovat aivan uusia.

Riippumatta siitä, mitä ajattelun, järkeilyn, päättelyn tai mielikuvituksen muotoja käytämme, emme pääse kasvotusten Todellisuuden kanssa. Ajattelemalla ja järkeilemällä voimme järjestää ja systematisoida kokemusperäisiä tosiseikkoja, voimme yrittää nähdä asiat kokonaisuuksina, voimme yrittää tunkeutua maailman mysteerin ytimeen. Mutta emme voi onnistua, koska materiaalina, jota työstämme, ovat kokemusperäiset seikat, aistihavainnot. Ne ovat paljaita, kovia faktoja, erillisiä ja havaintokykymme rajoittamia. Ne pikemminkin rajoittavat kuin edesauttavat ajatteluamme, joka itsessäänkin on jatkuvan rauhattomuuden tilassa.

Ensimmäinen uskonnollinen menetelmä on, kuten edellä todettiin, älyllinen menetelmä, jossa pyritään tuntemaan Todellisuus – Autuuden ja tyynen oivalluksen tila – ajattelun avulla. Mutta tämä ei onnistu. Kehon tuntemukset häiritsevät meitä; myöskään ajatteluprosessi itse ei anna meidän pysyä kauaa keskittyneessä tilassa, koska sen materiaalina ovat sekalaiset, levottomat aistihavainnot. Emme siten saavuta tietoisuutta ykseydestä moneudessa. Älyllisellä menetelmällä on se hyvä puoli, että ollessamme uppoutuneena ajatuksiimme ylitämme jossain määrin keholliset tuntemukset. Mutta tämä on aina tilapäistä.

Kahdessa muussa menetelmässä – eli antaumuksessa ja meditaatiossa – ajatteluprosessi ei ole yhtä keskeinen; silti sillä on roolinsa. Harjoittaessamme antaumusta (eli uskonnollisissa rituaaleissa ja palvontamenoissa sekä rukoillessamme – yksin tai yhdessä) suuri osa ajattelustamme keskittyy suotuisien olosuhteiden järjestämiseen. Toki läsnä on aina yritys keskittyä johonkin palvonnan tai rukouksen kohteeseen.

Siinä määrin kuin kykenemme hillitsemään tai estämään moneuden ilmenemistä ajatuksissamme, antaumuksellinen menetelmä onnistuu. Mutta sen puute on tämä: meille on vuosien saatossa muodostunut paha tapa keskittyä vain pinnallisesti, ja niinpä mahdollisuus on aina avoinna, että ajatusten moneus herää jälleen pienimmänkin häiriön ilmetessä.

Käytettäessä meditaatiota (jolloin ulkoiset muodollisuudet, tavat ja rituaalit eivät ole kuvassa mukana, niin että ajatusprosessin käynnistymismahdollisuus ei ole yhtä suuri kuin antaumuksellisessa menetelmässä) huomio kiinnitetään yhteen ainoaan ajatukseen. Kyseessä on siten vähittäinen ajatusten sfäärin jättäminen taakse ja siirtyminen intuition maailmaan, jota käsittelemmekin seuraavaksi.

3. Intuitio

Toistaiseksi olemme käsitelleet aistimaailman tuntemisen instrumentteja ja prosesseja. Intuitio, johon nyt siirrymme, on yliaistillisen maailman tuntemisen prosessi – maailman, joka on niin aistien kuin ajatustenkin tuolla puolen. On totta, että yliaistillinen ilmenee aistimaailmassa ja sen kautta ja että jos tunnemme täysin jälkimmäisen, tunnemme myös edellisen. Silti näiden kahden tuntemisen prosessit ovat väistämättä erilaiset.

Kykenemmekö tuntemaan edes aistimaailman kokonaisuudessaan pelkän havainnoinnin ja ajattelun avulla? Emme varmasti. Luonnossa, ja jopa omassa kehossamme, on ääretön määrä tosiseikkoja, lainalaisuuksia ja yhteyksiä, jotka ovat ihmiskunnalle yhä sinetöity kirja. Vielä paljon vähemmän on yliaistillinen maailma havaintojemme ja ajattelumme ulottuvilla.

Intuitio tulee sisältä, ajatukset ulkoa päin. Intuitio mahdollistaa Todellisuuden kohtaamisen kasvoista kasvoihin; ajattelu saavuttaa vain heijastuksen siitä. Intuitio, jonkin oudon yhteenkuuluvuuden vuoksi, näkee Todellisuuden kokonaisuutena siinä missä ajatus leikkelee sen palasiksi.

Jokaisella meistä on intuition kyky, aivan kuten meillä kaikilla on ajattelemisen kyky. Samoin kuin ajattelua voidaan kehittää, voidaan myös intuitiota vaalia. Intuitio saattaa meidät yhteyteen Todellisuuden kanssa: kykenemme tuntemaan Autuuden maailman, "ykseyden moneudessa", hengellistä maailmaa hallitsevat lainalaisuudet, Jumalan.

Miten tiedämme, että olemme olemassa? Aistienko avulla? Nekö kertovat meille ensimmäisinä, että olemme olemassa ja mistä tietoisuutemme olemassaolosta tulee? Se ei ole mahdollista, sillä tietoisuus olemassaolosta sisältyy jo aistien yritykseen kertoa meille olemassaolostamme. Aistit eivät voi olla todella tietoisia mistään, ilman että me ensin tiedämme olevamme olemassa itse aistimisen tapahtumassa.

Saavutammeko tiedon olemassaolostamme päättelyn ja ajattelun avulla? Emme todellakaan. Sillä ajattelun materiaalina ovat aistihavainnot, jotka, kuten juuri totesimme, eivät voi kertoa meidän olevan olemassa, koska tuntemus olemassaolosta edeltää aistimista. Ajattelu ei myöskään voi tuottaa tietoisuutta olemassa olemisesta, sillä ajattelu edellyttää tuon tietoisuuden. Jos yritämme ajatella tai päätellä olevamme olemassa vertaamalla itseämme ulkomaailmaan, tietoisuus olemassaolosta on läsnä jo ennen ajattelun tai päättelyn aktia.

Jos siis sen paremmin aistit kuin ajattelukaan eivät voi tuottaa tietoisuuttamme siitä, että olemme olemassa, miten voimme olla siitä tietoisia? Vain intuition avulla. Tieto olemassaolosta on intuition *yksi muoto*. Se on aistien ja ajattelun tuolla puolen – se tekee ne mahdollisiksi.

Intuitiota on hyvin vaikea määritellä, koska se on niin lähellä meitä jokaista; kaikki me tunnemme sen. Emmekö muka tiedä, mitä tietoisuus olemassaolosta on? Jokainen tietää sen. Se on liian tuttu antautuakseen määriteltäväksi. Kysy joltakulta, mistä hän tietää olevansa olemassa: et saa vastausta. Hän tietää olevansa olemassa muttei osaa määritellä tietoisuuden lähdettä. Hän saattaa yrittää selittää asian, mutta tuo selitys ei paljasta hänen sisäistä tuntemustaan. Eri intuition muotoja yhdistää juuri tämä piirre.

Tässä luvussa esitelty neljäs uskonnollinen menetelmä perustuu intuitiolle. Mitä syvemmin paneudumme menetelmän harjoittamiseen, sitä laajemmin ja varmemmin näemme Todellisuuden – Jumalan.

Nimenomaan intuition avulla ihmiskunta kurottaa kohti Jumaluutta; sen avulla aistimaailma ja yliaistillinen

kohtaavat, niin että yliaistillisen *tunnetaan* ilmenevän ais-
timaailmassa ja sen kautta. Aistien vaikutus katoaa, häirit-
sevät ajatukset raukeavat; oivallamme Autuus–Jumalan, ja
"kaikki Yhdessä ja Yksi kaikessa" -tietoisuus sarastaa meille.
Tämä on se intuitio, joka maailman kaikilla tietäjillä ja pro-
feetoilla on ollut.

Myös kolmas menetelmä, kirjan toisessa osassa selos-
tettu meditaatio, vie meidät intuition alueelle – kunhan sitä
harjoitetaan tosissaan. Mutta se on tienä hieman pidempi,
ja sitä harjoitettaessa eteneminen intuition ja oivalluksen
tiloihin on yleensä hitaampaa.

Intuition avulla Jumala voidaan oivaltaa kaikissa aspekteissaan

On siis niin, että intuition avulla Jumala voidaan oi-
valtaa kaikissa aspekteissaan. Meillä ei ole aistia, joka voisi
tuottaa Häntä koskevaa tietoa; aistit kertovat vain Hänen
ilmenemismuodoistaan. Ei ajattelu eikä päättely tee meille
mahdolliseksi tuntea Häntä sellaisena kuin Hän todella on,
sillä ajattelu ei pääse aistien tuottaman tiedon tuolle puolen;
se pystyy vain järjestämään ja tulkitsemaan aistihavaintoja.

Koska aistit eivät kykene johdattamaan meitä Jumalaan,
ei myöskään ajattelu (joka on niistä riippuvainen) pysty sii-
hen. Niinpä meidän on käännyttävä intuition puoleen, jos
haluamme tulla tuntemaan Jumalan Autuutena tai jonain
muuna Hänen aspekteistaan.

Tuon intuitiivisen näyn toteutumiselle – totuuden oi-
valtamiselle – on kuitenkin olemassa lukuisia esteitä. Niitä
ovat mm. sairaudet, henkinen heikkous, epäily, laiskuus,
maailmallisuus, väärät käsitykset ja ailahtelevaisuus.

Nämä esteet ovat joko sisäsyntyisiä tai ne saavat alkunsa

ja pahenevat kanssakäymisestämme muiden ihmisten kanssa. Päättäväisen ponnistelun (*purushakara*) avulla meidän on mahdollista voittaa huonot taipumuksemme (*samskarat*). Voimme poistaa kaikki puutteemme harjoittamalla tahdonvoimaa. Oikeanlaisella ponnistelulla ja olemalla tekemisissä hyvien ihmisten, Jumalan etsijöiden, kanssa kykenemme pääsemään eroon huonoista tottumuksista ja luomaan hyviä. Vasta kun olemme tekemisissä sellaisten ihmisten kanssa, jotka ovat nähneet, tunteneet ja toteuttaneet tosi uskonnon omassa elämässään, ymmärrämme kunnolla, mitä se on ja mihin sen universaalisuus ja välttämättömyys perustuvat.

Me kaikki haluamme oppia. Jokainen meistä on totuuden etsijä. Se on kuolematon perintömme; me etsimme sitä, sokeasti tai viisaasti, aina siihen saakka että saavutamme sen täydellisenä. Ei ole koskaan liian myöhäistä tehdä parannus: "etsikää, niin te löydätte; kolkuttakaa, niin teille avataan."[1]

---

[1] Matt. 7:7.

Kirjoittajasta

"Jumalan rakastamisen ja ihmiskunnan palvelemisen ihanteet toteutuivat täysimittaisesti Paramahansa Yoganandan elämässä – – . Vaikka hän vietti suuren osan elämästään Intian ulkopuolella, hän kuuluu suurten pyhimystemme joukkoon. Hänen työnsä jatkaa kasvuaan loistaen yhä kirkkaammin ja kutsuen ihmisiä kaikkialla Hengen pyhiinvaellustielle."

– Osa Intian hallituksen perusteluista sen julkaistua postimerkin Paramahansa Yoganandan kuoleman 25-vuotispäivän kunniaksi.

Paramahansa Yogananda (Mukunda Lal Ghosh) syntyi 5. tammikuuta 1893 pohjoisintialaisessa Gorakhpurin kaupungissa Himalajan juurella. Hänen varhaislapsuudestaan lähtien oli selvää, että hänen elämälleen oli olemassa jumalallinen suunnitelma. Hänen lähiomaistensa mukaan jo lapsena hänen tietoisuutensa ja hengellinen kokemisensa olivat paljon tavanomaista syvempiä. Nuoruudessaan hän tapasi monia Intian viisaita ja pyhimyksiä toivoen löytävänsä valaistuneen opettajan ohjaamaan hengellistä tietään.

Seitsemäntoista vuoden ikäisenä vuonna 1910 hän kohtasi kunnioitetun Swami Sri Yukteswarin ja tuli tämän oppilaaksi. Hän vietti suurimman osan seuraavista kymmenestä vuodesta tuon suuren joogamestarin ashramissa tämän tiukan mutta rakastavan hengellisen kasvatuksen alaisena. Valmistuttuaan Kalkutan yliopistosta vuonna 1915 hän vannoi muodolliset munkin valat ja liittyi vanhaan ja kunnianarvoiseen svamien sääntökuntaan saaden nimekseen Yogananda (joka tarkoittaa autuuden, *ananda*, saavuttamista jumalallisen yhtymyksen, *yoga*, avulla).

Vuonna 1917 Sri Yogananda aloitti elämäntyönsä perustamalla "elämäntaidon" koulun pojille. Koulussa hän yhdisti nykyaikaiset opetusmenetelmät ja hengelliset ihanteet. Kolme vuotta myöhemmin hänet kutsuttiin Intian edustajana Uskontoliberaalien kansainväliseen konferenssiin Bostoniin. Kuulijat ottivat kokouksessa innolla vastaan hänen puheensa "Uskonnon tiede".

Seuraavat vuodet hän luennoi ja opetti Yhdysvaltain itärannikolla ja lähti vuonna 1924 koko mantereen laajuiselle puhekiertueelle. Saavuttuaan Los Angelesiin tammikuussa 1925 hän aloitti kahden kuukauden mittaisen luentojen ja joogatuntien sarjan. Kuten muuallakin, myös Los Angelesissa hänen puheensa saivat osakseen kiinnostusta ja suosiota. *Los Angeles Times* kirjoitti: "Harvinaislaatuinen spektaakkeli oli nähtävissä Philharmonic Auditoriumissa – – ihmisiä jouduttiin käännyttämään takaisin jo tuntia ennen luennon alkua, kun 3000-paikkainen sali oli jo ääriään myöten täynnä."

Myöhemmin samana vuonna Sri Yogananda perusti Los Angelesiin Self-Realization Fellowshipin kansainvälisen päämajan. Tämä hänen vuonna 1920 perustamansa järjestö levittää hänen joogan muinaista tiedettä ja filosofiaa koskevia opetuksiaan sekä joogan meditaatiomenetelmiä, jotka ovat ikiaikaisuutensa vuoksi kunnioitettuja.[1] Seuraavan vuosikymmenen kuluessa hän matkusti paljon ja puhui suurimmissa kaupungeissa maan joka puolella.

---

[1] Se nimenomainen meditaation ja Jumala-yhteyden tie, jota Paramahansa Yogananda opetti, tunnetaan nimellä *kriya*-jooga. Kyseessä on tuhansia vuosia vanha intialainen pyhä hengellinen tiede. Sri Yoganandan *Joogin omaelämäkerta* sisältää yleisluontoisen johdatuksen *kriya*-joogan filosofiaan ja menetelmiin; edistyneet *Self-Realization Fellowshipin opetuskirjeiden* opiskelijat saavat yksityiskohtaisen ohjeistuksen *kriya*-joogan menetelmiin.

Hänen oppilaidensa joukkoon liittyi monia tunnettuja tie-
teen, liike-elämän ja taiteiden edustajia, kuten kasvitieteilijä
Luther Burbank, Metropolitan-oopperan sopraano Amelita
Galli-Curci, presidentti Woodrow Wilsonin tytär Margareta
Wilson, runoilija Edwin Markham sekä kapellimestari Leo-
pold Stokowski.

Vuosina 1935–36 tekemänsä puolentoista vuoden pi-
tuisen Euroopan- ja Intian-matkan jälkeen Sri Yogananda
alkoi jossain määrin vetäytyä julkisista esiintymisistä ja
omistautua rakentamaan kestävää pohjaa maailmanlaajui-
selle työlleen sekä kirjoittamaan teoksiaan, jotka kantaisivat
hänen sanomansa tuleville sukupolville. Hänen elämän-
tarinansa *Joogin omaelämäkerta* julkaistiin 1946. Kirjasta
on jatkuvasti otettu uusia painoksia siitä lähtien, ja tuo
modernin hengellisen klassikon aseman saavuttanut teos on
käännetty monille kielille.

Tänä päivänä Paramahansa Yoganandan aloittama hen-
gellinen ja humanitaarinen työ jatkuu Sri Mrinalini Matan
johdolla, joka on yksi hänen lähimmistä oppilaistaan ja
Self-Realization Fellowshipin/Yogoda Satsanga Society of
Indian tämänhetkinen presidentti.[2]

Sen lisäksi, että järjestö julkaisee Paramahansa Yoganan-
dan kirjoja, luentoja, kirjoituksia ja vapaamuotoisia puheita
– samoin kuin *Self-Realization Fellowshipin opetuskirjeiden*
nimellä tunnettua perusteellista itseopiskelumateriaalia – se
ohjaa SRF:n jäseniä Sri Yoganandan opetusten harjoittami-
sessa, ylläpitää ympäri maailman temppeleitä, retriittejä ja
meditaatiokeskuksia samoin kuin Self-Realization-sääntö-
kunnan luostariyhteisöjä sekä koordinoi maailmanlaajuista

---

[2] Paramahansa Yoganandan työ tunnetaan Intiassa nimellä Yogoda
Satsanga Society.

rukouspiiriä, joka välittää parantavaa voimaa fyysistä, men-
taalista tai hengellistä apua tarvitseville ja edesauttaa suurem-
man sopusoinnun syntymistä kansojen välille.

Vuonna 1952 tapahtuneen kuolemansa jälkeen Parama-
hansa Yogananda on tullut tunnustetuksi yhtenä aikamme
todella suurista hengellisistä hahmoista. Kirjoitustensa ja
oman esimerkillisen elämänsä kautta hän on auttanut kai-
kista etnisistä taustoista, kulttuureista ja uskonnoista tulevia
ihmisiä toteuttamaan ja ilmaisemaan täydemmin omassa
elämässään ihmishengen kauneutta ja jaloutta. Scripps
Collegen uskontotieteen emeritusprofessori Quincy Howe
Jr. kirjoitti Sri Yoganandan elämää ja työtä käsittelevässä
artikkelissaan: "Paramahansa Yogananda ei tuonut län-
teen vain Intian ikiaikaista lupausta Jumalan oivaltamisen
mahdollisuudesta vaan myös käyttökelpoisen menetelmän,
jonka avulla kaikki hengelliset etsijät voivat edistyä no-
peasti kohti tuota päämäärää. Alun perin Intian hengellistä
perintöä arvostettiin lännessä ainoastaan ylevimmällä ja
abstrakteimmalla tasolla, mutta nyt se on avoin harjoi-
tusten ja kokemuksen kautta kaikille niille, jotka haluavat
tulla tuntemaan Jumalan, ei tuonpuoleisessa vaan tässä ja
nyt. – – Yogananda on tuonut jaloimmat kontemplaation
menetelmät kaikkien ulottuville."

PARAMAHANSA YOGANANDA:
joogi elämässä ja kuolemassa

Paramahansa Yogananda siirtyi *mahasamadhiin* (joogin lopullinen, tietoinen poistuminen kehosta) Los Angelesissa maaliskuun seitsemäntenä päivänä vuonna 1952 lopetettuaan puheensa Intian suurlähettilään Binay R. Senin kunniaksi pidetyillä illallisilla.

Suuri maailmanopettaja osoitti joogan (tieteellisten Jumala-yhteyteen johtavien tekniikoiden) arvon – sekä elämässään että kuolemassaan. Viikkoja hänen poismenonsa jälkeen hänen samanlaisina pysyneet kasvonsa loistivat muuttumatonta jumalallista hohdetta.

Harry T. Rowe, losangelesilaisen Forest Lawn Memorial-Park -hautausmaan johtaja – suuren mestarin ruumis on tilapäisesti sijoitettu tuolle hautausmaalle – lähetti Self-Realization Fellowshipille notaarin vahvistaman kirjeen. Seuraavat otteet ovat siitä:

"Se, että kaikki näkyvät hajoamisen merkit puuttuivat Paramahansa Yoganandan kuolleesta ruumiista, on kokemuksemme mukaan mitä erikoisin tapaus. – – Hänen ruumiissaan ei ollut havaittavissa fyysisen hajoamisen merkkejä edes kahdenkymmenen päivän kuluttua kuolemasta. – – Hänen ihollaan ei ollut merkkejä homeesta, eikä ruumiin kudoksissa tapahtunut havaittavaa kuivumista. Tällainen ruumiin täydellisen ennallaan säilymisen tila on, sikäli kuin me tiedämme, ainutlaatuinen. – – Vastaanottaessaan Yoganandan ruumiin henkilökuntamme odotti näkevänsä arkun lasikannen läpi tavanomaiset ruumiin hajoamisen merkit.

Hämmästyksemme kasvoi, kun päiviä kului eikä tarkkailun kohteena olevassa ruumissa tapahtunut mitään muutoksia. Yoganandan ruumis oli selvästikin ilmiömäisessä muuttumattomuuden tilassa. – –
Mitään kehon hajoamisesta aiheutuvaa hajua ei tuntunut missään vaiheessa. – – Yoganandan ulkomuoto maaliskuun 27:ntenä, kun arkun pronssikansi laskettiin paikoilleen, oli sama kuin se oli ollut maaliskuun 7:ntenä. Hän näytti maaliskuun 27:ntenä yhtä raikkaalta ja muuttumattomalta kuin oli ollut kuolemansa iltana. Maaliskuun 27:ntenä ei ollut syytä sanoa, että hänen ruumiissaan olisi tapahtunut minkäänlaista näkyvää hajoamista. Näistä syistä toteamme uudelleen, että Paramahansa Yoganandan tapaus on kokemuksemme mukaan ainutlaatuinen."

Lisää tietoa Paramahansa Yoganandan
kriya-joogaopetuksista

Self-Realization Fellowship on omistautunut auttamaan hengellisiä etsijöitä maailmanlaajuisesti. Jos tahdot tietoja vuosittaisista yleisölle suunnatuista esitelmäsarjoistamme ja kursseistamme, ympäri maailmaa sijaitsevien temppeleidemme ja keskuksiemme meditaatio- ja muista tilaisuuksista, retriittien aikatauluista tai muusta toiminnastamme, pyydämme Sinua tutustumaan www-sivuihimme tai ottamaan yhteyttä kansainväliseen päämajaamme:

www.yogananda-srf.org

Self-Realization Fellowship
3880 San Rafael Avenue
Los Angeles, California 90065-3219, U.S.A.
Puh. +1-323-225-2471

Self-Realization Fellowshipin
PÄÄMÄÄRÄT JA IHANTEET

Määritellyt Paramahansa Yogananda, perustaja
Sri Mrinalini Mata, presidentti

Levittää kansojen keskuuteen tietoa täsmällisistä tieteellisistä tekniikoista, joiden avulla voidaan saavuttaa suora henkilökohtainen kokemus Jumalasta.

Opettaa, että elämän tarkoitus on ihmisen omien ponnisteluiden kautta tapahtuva kehitys rajallisesta kuolevaisen tietoisuudesta Jumala-tietoisuuteen ja tätä varten perustaa kaikkialle maailmaan Self-Realization Fellowshipin temppeleitä, joissa voidaan harjoittaa jumalayhteyttä, sekä kehottaa ihmisiä perustamaan Jumalan temppeleitä omiin koteihinsa ja sydämiinsä.

Tuoda julki alkuperäisen, Jeesuksen Kristuksen opettaman kristinuskon sekä alkuperäisen, Bhagavan Krishnan opettaman joogan välinen täydellinen harmonia ja perustavanlaatuinen ykseys ja osoittaa, että nämä totuuden periaatteet ovat kaikkien tosi uskontojen yhteinen tieteellinen perusta.

Näyttää se jumalallinen valtatie, jolle kaikkien tosi uskontojen tiet lopulta johtavat: päivittäisen tieteellisen ja antaumuksellisen meditaation valtatie.

Vapauttaa ihminen hänen kolminkertaisesta kärsimyksestään: kehon sairauksista, mielen tasapainottomuudesta ja hengellisestä tietämättömyydestä.

Edistää yksinkertaista elämää ja syvällistä ajattelua; levittää kansojen keskuuteen veljeyden henkeä opettamalla niiden ykseyden ikuista perustaa: että ne kaikki ovat Jumalan sukua.Osoittaa, että mieli hallitsee kehoa ja sielu mieltä.

Voittaa paha hyvällä, suru ilolla, julmuus ystävällisyydellä, tietämättömyys viisaudella.

Yhdistää tiede ja uskonto niiden perimmäisten periaatteiden ykseyden oivaltamisen kautta.

Edistää idän ja lännen keskinäistä kulttuurista ja hengellistä ymmärrystä ja kummankin parhaiden ominaispiirteiden keskinäistä vaihtoa.

Palvella ihmiskuntaa omana laajempana Itsenä.

Myös Self-Realization-Fellowshipin julkaisema:

Joogin omaelämäkerta

Tämä suuren suosion saavuttanut omaelämäkerta piirtää kiehtovan muotokuvan yhdestä aikamme suurista hengellisistä hahmoista. Paramahansa Yogananda kertoo viehättävän avoimesti, kaunopuheisesti ja hauskasti innoittavan elämäntarinansa – merkittävän lapsuutensa kokemukset, nuoruuden aikaiset tapaamisensa monien pyhimysten ja viisaiden kanssa etsiessään läpi Intian valaistunutta opettajaa, kymmenen vuotta kestäneen koulutuksensa kunnioitetun joogamestarin luostarissa sekä kolmenkymmenen vuoden ajanjakson, jolloin hän eli ja opetti Amerikassa. Hän kertoo myös tapaamisistaan Mahatma Gandhin, Rabindranath Tagoren, Luther Burbankin ja katolisen stigmaatikon, Therese Neumannin, sekä muiden tunnettujen hengenmiesten ja -naisten kanssa niin idässä kuin lännessäkin.

Joogin omaelämäkerta on sekä lumoava kertomus ainutlaatuisen henkilön elämästä että syvällinen johdatus joogan muinaiseen tieteeseen ja sen ikivanhaan, arvostettuun meditaatioperinteeseen. Kirjoittaja kuvaa selvästi ne hienovaraiset mutta täsmälliset lainalaisuudet, jotka säätelevät niin arkisia kuin ihmeiksi kutsuttuja poikkeuksellisiakin tapahtumia. Hänen mukaansatempaava elämäntarinansa muodostaa taustan elämän perimmäisten mysteerien syvälliselle ja unohtumattomalle kuvaukselle.

Tämä hengellisen kirjallisuuden klassikko on ilmestynyt jo yli 30 kielellä, ja sitä käytetään laajasti oppimateriaalina yliopistoissa. Julkaisemisestaan lähtien yli 60 vuotta sitten

Joogin omaelämäkerta on ollut jatkuvasti menestysteos. Se on löytänyt tiensä miljooniin sydämiin kautta maailman.

———————————

"Harvinaislaatuinen tilitys."

— *The New York Times*

"Kiehtova ja kokemusaineistoon selkeästi perustuva kuvaus."

— *Newsweek*

"Mitään tällaista joogan esitystä ei ole aikaisemmin julkaistu englanniksi tai millään muullakaan eurooppalaisella kielellä."

— *Columbia University Press*

SELF-REALIZATION FELLOWSHIPIN JULKAISUJA

Saatavana kirjakaupoista tai suoraan kustantajalta:
Self-Realization Fellowship
3880 San Rafael Avenue
Los Angeles, California 90065-3219, U.S.A.
Puh +1 323 225-2471 • Fax +1 323 225-5088
www.yogananda-srf.org

Paramahansa Yoganandan suomeksi käännettyjä kirjoja

Joogin omaelämäkerta

Kuinka voit puhua Jumalan kanssa

Metafyysisiä meditaatioita

Miksi Jumala sallii pahuuden ja miten päästä pahan tuolle puolen

Onnistumisen laki

Paramahansa Yoganandan sanontoja

Peloton elämä

Sielun pyhäkössä

Sisäinen rauha

Uskonnon tiede

Vahvistavien parannuslauseiden tiede

Voitokas elämä

Muita suomeksi käännettyjä Self-Realization Fellowshipin kirjoja

Swami Sri Yukteswar:
Pyhä tiede

Sri Daya Mata:
Intuitio –
Sielun ohjausta elämän valintoihin

Paramahansa Yoganandan englanninkielisiä kirjoja

Autobiography of a Yogi

The Second Coming of Christ:
The Resurrection of the Christ Within You
Inspiroitu kommentaari Jeesuksen alkuperäisistä opetuksista.

God Talks with Arjuna: The Bhagavad Gita
Uusi käännös ja kommentaari.

Man's Eternal Quest
Paramahansa Yoganandan koottujen luentojen ja puheiden ensimmäinen osa.

The Divine Romance
Paramahansa Yoganandan koottujen luentojen, puheiden ja esseiden toinen osa.

Journey to Self-Realization
Paramahansa Yoganandan koottujen luentojen ja puheiden kolmas osa.

Wine of the Mystic:
The Rubaiyat of Omar Khayyam — A Spiritual Interpretation
Inspiroitu kommentaari, joka tuo päivänvaloon jumalayhteyden mystisen tietoen Rubaijatin arvoituksellisen kuvaston takaa.

Where There Is Light:
Insight and Inspiration for Meeting Life's Challenges
Innoitusta elämän haasteiden ymmärtävään kohtaamiseen.

Whispers from Eternity
Kokoelma Paramahansa Yoganandan rukouksia ja jumalallisia
kokemuksia korkeissa meditaatiotiloissa.

The Science of Religion

The Yoga of the Bhagavad Gita:
An Introduction to India's Universal Science of God-Realization

The Yoga of Jesus:
Understanding the Hidden Teachings of the Gospels

In the Sanctuary of the Soul:
A Guide to Effective Prayer

Inner Peace:
How to Be Calmly Active and Actively Calm

To Be Victorious in Life

Why God Permits Evil and How to Rise Above It

Living Fearlessly:
Bringing Out Your Inner Soul Strength

How You Can Talk With God

Metaphysical Meditations
Yli kolmesataa hengellisesti kohottavaa meditaatiota, rukousta ja
affirmaatiota.

Scientific Healing Affirmations
Paramahansa Yoganandan perusteellinen selostus vahvistavien
parannuslauseiden tieteestä.

Sayings of Paramahansa Yogananda

Kokoelma Paramahansa Yoganandan lausumia ja viisaita neu-
voja, hänen vilpittömiä ja rakastavia vastauksiaan niille, jotka
tulivat hakemaan häneltä opastusta.

Songs of the Soul

Paramahansa Yoganandan mystistä runoutta.

The Law of Success

Selittää ne dynaamiset periaatteet, joita noudattamalla on mah-
dollista saavuttaa tavoitteensa elämässä.

Cosmic Chants

Kuudenkymmenen antaumuksellisen laulun sanat ja melodiat.
Johdannossa Paramahansa Yogananda selittää, miten hengellinen
laulu voi johtaa jumalayhteyteen.

Paramahansa Yoganandan äänitteitä

Beholding the One in All

The Great Light of God

Songs of My Heart

To Make Heaven on Earth

Removing All Sorrow and Suffering

Follow the Path of Christ, Krishna, and the Masters

Awake in the Cosmic Dream

Be a Smile Millionaire

One Life Versus Reincarnation

In the Glory of the Spirit

Self-Realization: The Inner and the Outer Path

Muita Self-Realization Fellowshipin julkaisuja

Täydellinen luettelo Self-Realization Fellowshipin julkaisuista on saatavana pyydettäessä.

Swami Sri Yukteswar:
The Holy Science

Sri Daya Mata:
Only Love:
Living the Spiritual Life in a Changing World

Sri Daya Mata:
Finding the Joy Within You:
Personal Counsel for God-Centered Living

Sri Gyanamata:
God Alone:
The Life and Letters of a Saint

Sananda Lal Ghosh:
"Mejda":
The Family and the Early Life of Paramahansa Jogananda

Self-Realization
(Paramahansa Yoganandan vuonna 1925 perustama, neljä kertaa vuodessa ilmestyvä lehti)

Self-Realization Fellowshipin opetuskirjeet

Paramahansa Yoganandan opettamia tieteellisiä meditaatiotekniikoita – *kriya*-jooga mukaan lukien – sekä ohjeita tasapainoisen hengellisen elämän kaikille alueille esitetään opetuskirjeissä, Self-Realization Fellowship Lessons. Tarkempaa tietoa löytyy ilmaiseksi saatavasta kirjasesta *"Undreamed-of Possibilities"*, jota on englanniksi, espanjaksi ja saksaksi.